AF467648

L'IMPÉRATRICE

JOSÉPHINE

LA

BIEN-AIMÉE DU PEUPLE

SAINT-DENIS. — TYPOGRAPHIE DE A. MOULIN.

L'IMPÉRATRICE

JOSÉPHINE

LA

BIEN-AIMÉE DU PEUPLE

PAR

J. POISLE DESGRANGES

PARIS

COLLIGNON, LIBRAIRE-ÉDITEUR

31, RUE SERPENTE, 31

1866

PRÉFACE

Ce livre n'est qu'un abrégé de l'histoire de Joséphine, impératrice des Français. S'il fallait retracer tous ses actes de générosité et de bienfaisance, dix volumes ne suffiraient pas; car sa vie fut le champ fertile où l'on peut cueillir toutes les fleurs sympathiques du bien, malgré qu'elle les ait constamment abritées sous le voile discret de la modestie. Des amis ou des serviteurs fidèles lui ont consacré des mémoires. Ils doivent être vrais puisque c'est l'affection ou la reconnaissance qui les leur a dictés; mais l'étendue de ces mémoires ne permet pas toujours au lecteur de les lire complétement ou d'en retenir tous les passages. On peut leur reprocher, en outre de leur prolixité, de noyer les faits principaux relatifs à Joséphine, dans une foule d'aventures, de récits ou d'anecdoctes qui se sont passés de son temps, mais qui, somme toute, ne la concernent nullement. Le livre trop complet devient alors une étude contemporaine où Joséphine est abandonnée comme le myosotis au milieu d'un fleuve entraîné par le courant. D'ailleurs, pour faire connaître à fond l'excellente nature de Joséphine, il faudrait avoir lu sa longue et instructive correspondance. L'impératrice a beaucoup écrit, et nous ne possédons pas toutes ses lettres. Néanmoins, on peut, d'après celles qui ont été publiées, se former aisément une opinion. On y trouve, dans chacune, la soumission, la bienveillance, la sensibilité, l'abnégation de soi-même, en un mot tout le cœur de Joséphine. Deux lignes de ces charmantes lettres, où les locutions de l'esprit s'enchâssent comme les perles autour d'un diamant, suffiraient au besoin pour juger d'un seul trait Joséphine, si mille bouches, qui ont déposé de respectueux baisers sur sa main protectrice, n'étaient là pour chanter encore ses louanges. Ce n'est donc pas de longs romans ni de longues phrases qu'il faut pour parler de Joséphine et des bienfaits qu'elle a répandus partout sur son passage. Un petit livre comme le nôtre doit suffire. Les faits y seront présentés d'une manière laconique, mais ils ont été puisés aux bonnes sources [1]. Laissons aux historiens le soin de buriner sur d'immenses tablettes l'histoire de Napoléon Ier afin de perpétuer sa gloire de conquérant; mais ne les imitons pas, en ce qui concerne la modeste Joséphine, qui ne vécut que pour aimer Napoléon, ses enfants et les fleurs. Donnons-lui seulement une pensée pour orner son tombeau.

[1] Quelques détails relatifs à la famille Beauharnais ont été recueillis dans l'excellent ouvrage de M. d'Aubenas, auquel nous engageons le lecteur à recourir s'il veut être plus amplement renseigné.

L'IMPÉRATRICE

JOSÉPHINE

LA BIEN-AIMÉE DU PEUPLE.

I

Il y a des souvenirs qui ne s'effacent pas. Au fur et à mesure que les rides s'impriment sur notre front, les souvenirs de l'enfance, doux pavots de l'âge mûr, ferment doucement notre paupière, et nous aimons à rêver à mille choses qui étaient jadis, à mille objets qui nous étaient chers et qui ont disparu de devant nos yeux. Les souvenirs sont la rose de notre printemps. Elle s'est effeuillée... mais il nous reste encore son parfum.

Parmi les objets bien-aimés qui ne sont plus et que mon cœur regrette sincèrement, je place tout d'abord mon excellente mère.

Bonne et douce comme l'ange tutélaire que Dieu

envoie secrètement sur la terre pour bercer les enfants qu'il semble vouloir protéger, je fus du nombre des bienheureux! Car ma mère ne se contenta pas d'être le beau idéal comme dans les rêves, elle fut pour moi la réalité. J'ai connu l'ange qui est maintenant remonté au ciel...

Ma mère, parente en ligne ascendante du célèbre Mignard, peintre du roi Louis XIV, et fille d'un capitaine distingué, mort au lazaret de Toulon, au moment où il allait recevoir le grade de chef de bataillon, ma mère eut à souffrir des privations cruelles pendant sa jeunesse, comme tous les enfants nés sous la Révolution. La perte du chef de la famille avait laissé un grand vide dans la maison de la veuve du capitaine; elle perdit subitement la petite position qu'elle occupait dans le monde, en même temps que les rentes qu'elle avait confiées à l'État. Deux enfants jeunes encore, une fille et un garçon, furent la seule richesse de la pauvre veuve.

A cette époque, les braves qui mouraient ne portaient pas sur leur poitrine l'insigne de leur valeur. Ce ne fut qu'en 1804 que Napoléon institua l'ordre de la Légion d'honneur, et que l'on put assurer par la suite un sort aux filles des légionnaires.

Ma mère n'avait donc aucun droit aux bienfaits des institutions qui profitèrent plus tard aux jeunes filles de sa condition.

Quant à son frère, il obtint la faveur d'entrer dans une école militaire, mais aux frais de la veuve du capitaine.

Cependant Joséphine, la bien-aimée du peuple, l'impératrice des Français, s'était intéressée au sort de ma mère, et elle l'avait placée dans une école spéciale de dessin. Le porte-crayon en or attendit vainement l'élève qui ne put s'asseoir sur les bancs de l'école.

Dévouée corps et âme à celle qui lui avait donné le jour, ma mère ne voulut pas l'abandonner. Une maladie mortelle menaçait la veuve, et l'ange de son chevet, sa fille, lui consacra ses veilles et ses soins.

Un travail assidu pendant le jour fut même une ressource indispensable à la maison. Ce fut en qualité de brodeuse que ma mère eut l'honneur d'enrichir de son travail l'une des robes de la princesse Hortense.

Pauvre mère! Elle passait souvent les nuits à broder auprès du lit de la malade.

Un soir, la lampe s'éteignit tout à coup, et la jeune fille laborieuse continua son travail sous les pâles reflets de la lune.

Dieu ! qu'elle fut heureuse le jour où sa broderie fut achevée ! On livra la robe à l'impératrice Joséphine qui félicita la brodeuse avec toute la bonté et toute la gracieuseté que lui ont connues ceux qui ont eu le bonheur de l'approcher.

Les paroles de Joséphine furent un baume de satisfaction que ma mère conserva toute sa vie au fond du cœur.

Elle m'a souvent raconté l'anecdote de la lampe éteinte en souvenir de Joséphine, et moi je me plais à la reproduire en souvenir de ma mère !

Je me rappelle aussi que mon père aimait à nous faire le récit de ses aventures aux armées lorsqu'il y était attaché en la qualité de directeur divisionnaire des postes militaires. Le récit ne manquait pas d'intérêt ; car mon père avait assisté en personne à toutes les guerres de Napoléon, depuis la grande campagne d'Italie jusqu'à celle de la retraite de Moscou.

Il avait suivi l'empereur jusqu'au moment où les Prussiens, l'ayant fait prisonnier avec le corps de l'armée, après les désastres de la fameuse retraite, il avait été emmené dans le fond de la Bohême. Il y demeura plusieurs mois avant de revoir le doux soleil de sa patrie.

Plus heureux pourtant que le frère de ma mère

qui était resté sous les neiges de la Russie, mon père a connu tous les revers de la fortune de Napoléon; mais il peut me parler encore de ses triomphes!

Il aimait le calme du grand général.

— Combien de fois? m'a-t-il dit, l'ai-je vu se promener seul, tantôt à pied, tantôt à cheval, une main à la hauteur du frac, sous sa redingote grise, et l'autre derrière le dos, la tête absorbée dans ses rêves belliqueux. Un officier d'ordonnance le suivait à quelques pas... Je m'effaçais pour saluer l'empereur. L'officier me rendait dignement le salut.

Un jour que Napoléon songeait, comme toujours, aux grandes destinées de la France, un boulet passa rapidement près de lui, et laboura la terre avec bruit comme s'il eut voulu tracer un sillon fort étendu. J'eus un moment d'appréhension. L'empereur releva doucement la tête et ne parut étonné que de mon trouble... Puis lançant son cheval vers le sillon dans lequel le boulet courait devant lui, il passa lui-même comme un éclair. On eut dit qu'il voulait atteindre le boulet qui le devançait. . . . .

Ce boulet, n'était-ce pas celui de la gloire?

Napoléon l'a suivi jusqu'au roc de Sainte-

Hélène où le boulet est venu mourir avec lui.....

L'exil est une chose affreuse! La trahison est un crime infâme! Les Anglais devront compte à Dieu de la vie du prisonnier de Sainte-Hélène...

Il y a deux cœurs qui souffrirent mortellement les atteintes cruelles de l'exil : Joséphine et Napoléon.

Je suis homme, et je ressens moralement, comme tout Français doit le ressentir, les maux que notre grand capitaine a dû endurer sous le joug anglican. Mais il n'y a qu'une femme pour juger à quel point sont grandes les souffrances d'une pauvre exilée.

Ma mère avait le cœur sensible; elle était bonne et aimante comme Joséphine, dont elle a pleuré les malheurs... Le peuple aussi les a pleurés! Car le peuple a des sympathies qui lui sont chères et desquelles il ne veut jamais se séparer. Pour lui le divorce n'existe en aucun temps, lorsqu'il s'agit d'aimer... et il a aimé Joséphine!

Puisse le nom revivre par les livres consacrés à sa mémoire. Que ses nombreux bienfaits restent gravés au fond du cœur du peuple, comme le nom d'une mère que l'on a tendrement aimée. Car, je le répète, il y a des souvenirs qui ne s'effacent jamais.

II

Parmi les rochers qui bordent le Fort de France, autrefois appelé Fort-Royal, à la Martinique, il s'en trouve un, presque inaccessible : c'est le Diamant. Il a pour voisins les monts des Anses d'Arlet et de Sainte-Luce.

Le Diamant, sitôt qu'il est en vue rapprochée des marins qui parcourent l'océan Atlantique, est généralement salué d'un coup de canon. Le nombre de boulets qu'il a reçus dans ses flancs est incalculable. Semblable au temps, rien ne l'émeut, rien ne l'abat. Il vieillit sans rides et sans qu'aucun grain lui mutile le front. Le Diamant, aussi dur qu'on peut se l'imaginer, n'est sensible qu'aux brises du soir et aux vagues de la mer qui viennent doucement le caresser.

Derrière les monts que nous venons de citer, et dont quelques-uns sont toujours verdoyants, se trouve le Fort de France, ainsi que celui de l'Ilette. Plus loin, sur la droite, le bourg des Trois-Ilets, précédé des îlots d'où il tire son nom, lesquels sont habités par des pauvres pêcheurs.

Le bourg des Trois-Ilets se compose de maisons en bois. Son église, de simple construction, ne mériterait aucune mention si elle ne renfermait pas le tombeau de la famille Tascher de La Pagerie, de cette honorable famille qui, par la noblesse de ses sentiments, de sa valeur et de son dévouement à son pays, a laissé de pieux souvenirs à la Martinique. Elle est originaire de Garges, près Paris, où Philippe le Bel lui avait donné une seigneurie. Plus tard, elle se fixa aux environs de Blois, où elle possédait la terre de *La Pagerie*.

Les faits d'armes des Tascher remontent fort loin. En 1674, François Tascher de La Pagerie contribua, sous Turenne, à défendre le territoire français. Nommé capitaine par acclamation, il marcha à la tête du corps de noblesse du Blaisois. En 1726, Joseph Tascher de La Pagerie, l'aïeul de Joséphine, eut une concession territoriale à la Martinique, et s'y maria après avoir fait reconnaître ses titres de noblesse. Le 5 juillet 1735, fut le jour de la naissance de son fils Joseph-Gaspard. Aussi brave que bon officier, Joseph eut le grade de lieutenant en premier des canonniers-bombardiers de la côte à Fort-Royal, sous les ordres de M. de Bompar, gouverneur général.

Enfin, c'est au bourg des Trois-Ilets que Marie-Joseph-Rose naquit, le 23 juin 1763, du légitime mariage de messire Joseph-Gaspard de Tascher, chevalier, seigneur de La Pagerie, ancien lieutenant d'artillerie, et de Mme Marie-Rose des Vergers de Sannois, ses père et mère.

Elle fut l'aînée de deux sœurs qui moururent assez jeunes et qui furent inhumées dans le cimetière de la paroisse, l'une à l'âge de treize ans moins deux mois, l'autre dans sa vingt-septième année.

Marie-Rose, à laquelle ses estimables parents avaient aussi donné le nom de Joseph, comme s'il était le trait d'union des deux premiers, et parce qu'ils désiraient vivement un fils, devint la gracieuse Joséphine, dont le nom est resté si cher à la France, car ce nom renferme autant de bonté que de douceur.

Le domaine de Sannois La Pagerie est situé sur une petite élévation qui était jadis couverte de fertiles plantations en cannes à sucre et en caféiers.

C'était une riche habitation quand Joséphine y vint au monde. La maison fut reconstruite après les désastres de l'ouragan de 1766, qui la détruisit complétement. Aujourd'hui elle a subi encore de notables changements. Ce n'est plus l'ancienne demeure de Joséphine; mais c'est là qu'elle à vécu et que notre souvenir doit se reporter. Il reste une portion du jardin délicieux où la jeune créole dirigea ses premiers pas. Il reste aussi la majeure partie des beaux tamarins qui abritaient de leur ombre le devant de la maison.

Le moulin à sucre, posé sur de lourds piliers, est encore debout. Il avait résisté à l'ouragan. On descend de ce moulin pour entrer dans la sucrerie, dont les bâtiments se prolongent du côté d'une petite rivière qui laisse couler au loin son onde fraîche et pure. Le bassin, d'où sort cette rivière, est creusé dans le roc. Il est ombragé par des manguiers.

C'est dans ce bassin tranquille que Joséphine prenait plaisir à venir se baigner régulièrement tous les jours. Il fut le témoin d'une scène touchante qui inscrit de bonne heure Joséphine sur la liste des anges sauveurs.

Un enfant, bienheureux sans doute comme tous les enfants échappés aux regards et à la surveillance de leurs parents, était venu près du rocher pour y cueillir des fleurs. Son imprudence le fit tomber dans l'eau à laquelle il livra son corps en même temps que sa moisson...

Joséphine ne le vit pas ; mais le bruit qu'elle avait entendu la guida du côté où l'accident venait d'arriver. Elle aperçut alors les fleurs qui surnageaient seules, et tout aussitôt une petite tête brune qui remonta sur l'eau, puis un petit bras s'allongeant et dont la main se cramponna aux herbes du rivage. L'herbe céda sous les efforts de l'enfant qui cria : Maman, maman!...

Hélas! il allait disparaître, mais cette fois pour ne plus revoir le soleil et les fleurs, quand Joséphine accourut, se pencha vers l'abîme, au risque d'y tomber elle-même, tira l'enfant par l'un des pans de se robe flottante, et le ramena sain et sauf sur la plage.

Dès qu'il fut hors du péril, l'enfant fut choyé, caressé, et sa robe exposée au soleil pour y sécher, grâce aux bons soins de Joséphine, qui le ramena ensuite à ses parents, laissant dans l'oubli sa louable action qu'elle se garda bien de leur raconter...

Sur le versant du morne se trouvent les cases des nègres. Elles sont nombreuses et rapprochées les unes des autres comme les cellules d'une ruche, et se contentent du peu d'ombre que leur donnent de fiers palmiers et de grands bananiers.

Un ciel d'un bleu vif comme l'indigo éclaire cette contrée pittoresque, où le travailleur brave en tout temps les ardeurs du soleil. Ce travailleur, c'est le nègre soumis, obéissant au commandement répété du maître qui lui dit de baisser ou de lever la pioche pour remuer la terre.

Le cachot est près de là. On y jette les nègres rebelles ou ceux qui ralentissent leur zèle par un mauvais vouloir. Si la correction du fouet n'a pas suffi, ou si le bras du maître s'est fatigué sur l'esclave, le cachot devient nécessaire. Là, du moins, le noir, autrement dit le cheval bipède des colons goûte quelques instants de repos. Il ne sent pas redoubler la pesanteur du fouet qui ensanglante ses épaules, et il n'est pas obligé, suivant les caprices du maître, de traîner une case d'un lieu à un autre.

Mais, on se plaît à le dire, et chacun le répète : Le nègre est paresseux ! On ne tient pas compte de ses durs travaux lorsqu'on l'attelle comme une bête de somme, et personne ne le plaint dans les colonies.

Pauvre nègre !... On va plus loin. Des anatomistes ont osé dire que le nègre n'est pas un homme, qu'il tient de la race des singes.

Avouons qu'il y a bien des singes parmi les blancs, dont l'adresse n'égale pas celle des noirs, et que, s'il s'agissait de leur confier les travaux délicats exécutés par les nègres pour orner la case du maître, il y a beaucoup de gens industrieux au nombre de ces mêmes blancs, qui ne seraient pas en état de pouvoir imiter les singes de nos colonies.

Pourquoi donc chercher à rabaisser la créature de Dieu ? L'enveloppe humaine de cette créature, qu'elle soit noire ou blanche, n'a-t-elle pas un cœur... une âme, qui n'appartient pas aux hommes, mais à son Créateur ?

Dans certaines colonies, puisque nous en sommes sur le chapitre de l'insensibilité matérielle des blancs pour les nègres devenus esclaves, il se passe des scènes affligeantes.

Après les travaux du jour, on accorde ordinairement quelques instants de liberté aux négresses, qui vont s'asseoir sur un banc une partie de la soirée et se distraire avec les enfants. Or, les petits blancs ne sont pas toujours bons vis-à-vis des bonnes négresses.

Une créole, la fille d'un riche planteur à l'île

de la Réunion, m'a confié que, dans sa jeunesse, son plus grand plaisir consistait à retirer les pois d'Amérique soutenus par un anneau de cuivre aux oreilles d'une pauvre négresse, et que, moyennant une faible rétribution, un sou donné à cette négresse, elle introduisait une ficelle aux lieu et place de la boucle d'oreille ôtée, afin d'y établir une scie mouvante. Quel jeu horrible!

De sorte que la malheureuse suppliciée n'avait d'autre ressource, pour éviter la déchirure complète de son oreille ensanglantée, que d'abandonner l'autre oreille à sa jeune maîtresse, qui la lui payait le même prix et s'amusait de nouveau.

Du temps de M. Tascher de La Pagerie, le cachot existait dans sa propriété, mais il n'en usait que peu ou pas pour punir les nègres. Habitué à porter dignement l'épée et non le bâton noueux du planteur, notre jeune colon n'avait pas besoin de se faire craindre pour se faire obéir. Il occupait cependant plus de cent cinquante nègres à la préparation du manioc, du café et de la canne à sucre. Tous lui étaient soumis ; il pouvait mettre sans crainte leur dévouement à l'épreuve. Le proverbe est, je crois, le même dans tous les pays : Ce sont les bons maîtres qui font les bons serviteurs.

Au surplus, il n'aurait pas fallu que Joséphine eût vu maltraiter un nègre. Son cœur aurait saigné avant le dos de l'esclave.

Les premiers ans de la charmante petite créole avaient été confiés aux soins d'une négresse qu'elle affectionnait beaucoup. Laurier était l'enfant de cette négresse et le frère de lait de Joséphine.

Vif comme un écureuil, Laurier grimpait jusqu'au sommet du plus haut des arbres. Il savait trouver les nids de colibris et saisir parfois au vol les jolis oiseaux-mouches qui sont la richesse du lieu.

Alors il se montrait gracieux et empressé pour sa sœur, à laquelle il apportait son butin.

C'était lui qui se risquait aussi le long des mornes escarpés pour y cueillir les fruits des goyaviers sauvages. Les plus beaux revenaient de droit à Joséphine.

De son côté, la jeune créole, vive et gaie comme le papillon à grandes ailes bleues qui se perd dans le ciel, satisfaisait sa passion naissante pour les fleurs. Elle soignait la rose du Bengale, dix fois plus belle que celle cultivée à grand'peine dans notre climat.

Ce goût prononcé pour les fleurs lui est resté,

comme on le sait, jusqu'à la fin de ses jours, de même que sa sensibilité fut une source de bonté intarissable.

A l'occasion de sa grande sensibilité, on raconte qu'un chat étranger s'étant introduit, aux Trois-Ilets, dans la chambre où Joséphine élevait une jolie petite perruche, se jeta sur la cage et en retira, à l'aide de la patte et des griffes, le pauvre oiseau qu'il dévora.

Il ne restait, comme témoins du crime, que quelques plumes vertes à terre et deux gouttes de sang.

A cette vue, Joséphine tout émue pleura sa perruche avec un long désespoir qui fut entendu. Un nègre accourut à ses plaintes et fut assez adroit pour faire prisonnier le chat coupable, qui ne s'était pas encore donné le temps de fuir. Sans demander à sa jeune maîtresse quelle serait la punition de ce chat, le nègre, animé par le désir de la vengeance, se rua sur l'animal qu'il frappa à la tête, et le tua.

Il n'en fallait pas plus pour que la tremblante Joséphine se trouvât tout à fait mal. On s'empressa autour d'elle. Quand elle eut recouvré ses sens, elle détourna les yeux de l'endroit où gisait le corps du chat, et s'adressant au nègre :

— Qu'as-tu fait, malheureux ?

Le nègre courba la tête et croisa ses bras sur sa poitrine en signe de repentir.

— Y pénses-tu, reprit Joséphine, d'avoir fait périr ce pauvre animal ?

— Lui mort, répondit le nègre, parce que lui avoir mangé perruche à bonne maîtresse.

— La punition est cruelle, repartit Joséphine. Ne sais-tu pas qu'il y a des pertes que rien ne peut réparer ? Pour effacer deux gouttes de sang tu en as répandu une mare...

Il y aurait sans doute bien des réflexions à faire d'après celles de l'enfant sensible, pour l'homme qui hait le sang répandu et qui blâme en secret les sévérités de la justice. Mais notre but n'est pas de discuter ici les lois ni le besoin de maintenir ou d'abolir la peine capitale qui frappe les méchants. Nous avons seulement voulu citer un exemple entre mille du bon cœur de Joséphine.

On a souvent parlé des rêves qu'elle avait faits dans sa jeunesse, et de l'explication qu'elle en demandait à des diseuses de bonne aventure :

Les sorcières n'habitent pas à la Martinique ; mais les esprits crédules demeurent partout, aussi bien que les faiseurs de contes.

Joséphine n'a jamais consulté de bohémiennes,

comme on l'a prétendu à tort. Elle a pu parler d'un rêve extraordinaire à sa nourrice. Il n'y a rien d'étonnant à cela.

On assure qu'elle aurait vu, dans le plus profond de son sommeil, un aigle planer au-dessus de sa tête, se baisser vers elle, l'emporter bien haut!... bien haut! et la laisser retomber ensuite au milieu d'un buisson de roses...

De là l'explication toute naturelle de la nourrice, lorsqu'elle lui dit :

— Vous serez reine un jour!

La prédiction a été plus que vérifiée, puisque Joséphine est devenue impératrice.

Quant au buisson de roses, je n'entrevois que la Malmaison où il nous apparaîtra plus tard. Il eut ses fleurs odorantes, ce buisson ; mais il eut aussi ses épines cruelles.

On ne tombe pas de haut sans éprouver une secousse au cœur, et souvent une blessure mortelle...

Laurier, l'enfant de la négresse, était présent à l'époque du pronostic de sa mère.

Joséphine lui fit alors cette promesse :

— S'il est vrai qu'un jour je devienne reine, je te ferai venir à la cour et tu resteras toute la vie près de moi.

Joséphine tint parole ; car Laurier fut un des serviteurs fidèles de l'impératrice. Elle le protégea longtemps malgré sa dissipation et son caractère trop enjoué. Il aimait le plaisir ; mais sa franche gaieté lui fit pardonner ses étourderies. Joséphine ne l'avait pas vu vieillir ; elle retrouvait toujours en lui l'enfant des Trois-Ilets, qui, du reste, était toujours resté bon et serviable.

Il mourut avec le grade d'adjudant à l'hôtel des Invalides.

III

S'il est possible au lecteur d'oublier un instant la grâce enfantine, la fraîcheur et la gaîté de la charmante petite créole courant des fleurs aux papillons et des papillons aux fleurs, et n'ayant pour toute parure qu'une robe légère en mousseline blanche et de jolis cheveux châtains retombant en boucles soyeuses, nous la laisserons croître avec la feuille du palmier, sous le beau ciel de la Martinique, et confier ensuite, vers l'âge de dix ans, sa vive imagination aux bonnes institutrices de la maison des Dames de la Providence à Fort-Royal.

Le lecteur et moi nous viendrons alors à Paris, dans l'un des quartiers rapprochés des halles, entre la rue Saint-Denis et celle du Petit-Carreau, pour y retrouver un hôtel rue Thévenot.

Cet hôtel, qui porte aujourd'hui le n° 14, est situé presque en face de la rue des Deux-Portes-Saint-Sauveur. Il se compose de deux magnifiques étages ayant sept fenêtres de front, lesquelles sont cintrées dans leur élévation comme la grande porte d'entrée, dont l'ornement consiste en une tête de femme sculptée dans la pierre et qui est accompagnée de chaque côté d'une console architecturale.

Au-dessus des deux étages, est un troisième assez bas et mansardé. Il supporte à gauche et à droite les deux toitures cellulaires du grenier, au haut desquelles se trouve l'armure en fer qui soutient en avant d'énormes poulies.

L'industrie et le commerce se sont établis dans cet hôtel. Autrefois il était habité l'hiver par M. le marquis de Beauharnais, qui, lié d'une amitié profonde pour Mme de Renaudin, la sœur de M. Tascher de La Pagerie, passait l'été dans une délicieuse propriété que cette dame avait achetée à Noisy-le-Grand, et où elle demeurait.

Sans vouloir établir ici la généalogie des Beauharnais, nous devons cependant quelques détails au lecteur.

Le marquis de Beauharnais, issu d'une famille d'Orléans, fort riche et fort recommandable, fut nommé par le roi, le 13 mai 1757, lieutenant général des îles de la Martinique, de la Guadeloupe, de Marie-Galante, Saint-Martin, Saint-Barthélemy, la Désirade, la Dominique, Sainte-Lucie, Saint-Vincent, Cayenne et ses dépendances, ayant en outre l'autorité supérieure sur tous les gouverneurs particuliers de chacune de ces colonies.

Le nom de M. de Beauharnais offrait de superbes garanties, car les fastes de la marine française avaient eu à enregistrer les actes de bravoure et de courage de son père ainsi que ceux de ses oncles.

Depuis 1755, les Anglais menaçaient nos ports. En 1758, ils parurent se porter du côté de la Guadeloupe. Le gouverneur général y détacha des troupes; mais l'expédition s'étant tournée tout à coup du côté de Fort-Royal, il fallut les rappeler pour défendre la Martinique.

Des travaux importants pour la défense de cette île furent ordonnés, et c'est à peine s'ils étaient commencés quand la flotte ennemie, le 14 janvier 1759, se montra en vue de la rade.

Trois jours d'un combat soutenu glorieusement par tous les habitants, colons nègres et blancs, avait suffi cependant pour sauver Fort-Royal, et faire prendre la fuite à huit mille hommes qui regagnèrent la mer, après avoir laissé six cents morts sur la côte où ils étaient descendus.

L'honneur de cette défense héroïque, inscrite dans l'histoire, revient en partie à M. Tascher de La Pagerie et à M. de Renaudin, son beau-frère, aides de camp du gouverneur.

La véritable fraternité des hommes n'est connue d'eux que le jour où ils ont combattu côte à côte, qu'ils ont souffert les mêmes maux et qu'ils ont bravé les mêmes dangers.

Ce fut donc à partir du combat mémorable qui vient d'être cité, que M. de Beauharnais put apprécier la valeur de M. Tascher de La Pagerie, et que les deux familles cimentèrent l'union d'une amitié durable.

Les Anglais, furieux d'avoir succombé devant Fort-Royal, où ils étaient en nombre et n'avaient eu à faire qu'à six cents hommes de garnison, secondés, il est vrai, par toute la brave population du pays, ne se tinrent pas pour battus.

Ils continuèrent leurs hostilités dans les autres colonies, et s'attaquèrent de nouveau à la Guadeloupe, qui, moins heureuse cette fois que la Martinique, dût se rendre après une lutte opiniâtre qui dura trois mois.

La prise de cette colonie par les Anglais, qui ne

devaient pas en rester là, puisque après s'être emparés de toutes nos possessions, ils eurent la hardiesse de venir bombarder nos flottes jusque dans le port du Havre, la prise de la Guadeloupe, dis-je, jeta un discrédit inquiétant sur le gouverneur général, qui fut rappelé de son commandement.

Cette défaveur lui causa, comme on doit le penser, une peine fort sensible. Heureusement qu'il eut pour le dédommager les bonnes sympathies de la famille Tascher.

Mme de Renaudin, femme de cœur et d'esprit, se lia d'une amitié plus grande encore avec M. le marquis de Beauharnais, et chercha elle-même à oublier tous les chagrins quelle éprouvait sous la domination de son mari. Une séparation devint urgente. M. de Tascher père emmena sa fille à Paris. Le jour même de son départ de Fort-Royal (en juin 1760), Mme de Renaudin fut la marraine d'un fils que Mme la marquise avait mis au monde le 28 mai précédent. On nomma le nouveau-né Alexandre. Il fut le frère de François.

A Paris, M. de Tascher laissa sa fille poursuivre son procès en séparation, et lorsqu'il eut réglé quelques affaires d'intérêt, retourna à la Martinique.

Le procès fut à l'avantage de Mme de Renaudin,

qui devint libre. En 1776, elle acheta sa campagne de Noisy-le-Grand.

M. de Beauharnais, qui n'était resté que temporairement à la Martinique, quitta cette île au commencement de l'année 1761, pour venir à Paris. Il se fixa donc dans l'hôtel de la rue Thévenot.

Mme de Renaudin fut heureuse alors de resserrer de plus près les liens de son amitié pour le marquis, qui devint veuf en 1767.

Il plaça d'abord ses deux fils, François et Alexandre, au collége du Plessis ; mais c'est à Blois qu'ils terminèrent leurs études.

A cette époque, Mme de Renaudin, qui depuis le jour où le jeune Alexandre avait perdu sa mère, s'était fait un devoir de la remplacer, ne manquait pas d'écrire fort souvent à son filleul, qui lui répondait par des lettres charmantes.

Cet entretien dura jusqu'au moment où, comme étant le cadet de famille, Alexandre dut choisir l'état militaire. C'était au surplus sa vocation. Il vint visiter sa marraine à Noisy-le-Grand. Celle-ci fut joyeuse et fière de le voir. Il montrait de l'esprit et de bonnes manières. Le style de sa correspondance n'avait pas été un messager trompeur. Alexandre possédait réellement de l'acquit, et son éducation ne laissait rien à désirer.

En 1777, il fut incorporé dans un régiment à Rouen. Vers la fin de l'année, il portait déjà l'épaulette. C'etait un fort beau militaire que M. le vicomte de Beauharnais! Comme il songeait déjà à se marier, il fit part de ses intentions à son père, qui tout aussitôt porta ses vues du côté de la famille Tascher de La Pagerie.

Joséphine, que nous avons laissée à la Martinique, venait d'avoir quinze ans. Elle était svelte et jolie, joignant au naturel d'un cœur aimant toutes les bonnes qualités d'une fille qui sait remplacer sa mère dans l'intérieur de la maison. C'est elle qui faisait l'éducation de ses sœurs. Aussi vive et aussi gaie que les oiseaux charmants qui étalaient leurs ailes brillantes pour lui plaire, Joséphine était elle-même le gai rossignol du domaine des Trois-Ilets, et elle l'égayait par ses douces chansons. Les petits nègres, joyeux perroquets du lieu, se plaisaient à répéter les chants qu'ils entendaient sans pouvoir les imiter.

L'un d'eux, cependant, qu'on aurait pu nommer le poëte des Trois-Ilets, avait composé la strophe suivante en l'honneur de Joséphine :

Petit nègre être heureux là ;
Car maitresse

Lui caresse,
Petit nègre être heureux là ;
Lui danser la Bamboula.

Les femmes qui servaient notre jeune créole l'entouraient avec soin, et la chérissaient en l'appelant leur reine.

Leste écuyère, élégante danseuse et bonne musicienne, elle avait déjà tous les dons pour plaire.

M. de Beauharnais n'était pas près d'elle pour l'apprécier.

Tout en voulant tenir la parole qu'il avait donnée aux parents en les quittant, d'unir un jour les deux familles, le marquis réfléchit que l'âge de Joséphine était trop rapproché de celui d'Alexandre, et sans consulter son fils à cet égard, il donna la préférence à la sœur cadette, nommée Désirée, qui n'avait pas encore treize ans.

Il formula d'une manière convenable la demande en mariage, annonçant d'avance qu'il dispensait la future d'apporter une forte dot, son fils ayant quarante mille livres qui provenaient de la succession de sa mère.

L'homme propose toujours, hélas! mais le ciel dispose. Quand la demande, datée du 23 octobre, arriva à la Martinique, Désirée était morte depuis le 16 du même mois.

M. de Beauharnais reçut la fatale nouvelle, qu'il communiqua à son fils. Celui-ci n'avait plus qu'une ressource pour suivre le désir de son père, qui n'abandonnait pas son projet d'alliance avec la famille Tascher, c'était de demander la plus jeune des filles ; mais notre lieutenant se déclara pour l'aînée, qu'il eût préférée tout d'abord si le marquis l'eût consulté.

De son côté, M. de La Pagerie, qui avait l'intention d'amener sa fille Marie en France, ne put la décider à quitter sa mère. Il en témoigna tous ses regrets à M. de Beauharnais; mais quand ce dernier l'eut informé de l'inclination d'Alexandre pour Joséphine, il hâta les préparatifs de son voyage.

Au mois d'octobre 1779, *La Pomone* recevait deux passagers, M. Tascher de La Pagerie et Joséphine.

Je regrette de n'être pas d'accord avec certains écrivains qui ont fait venir en France notre jeune créole bien avant l'époque que je viens de citer; mais je me dois à la vérité et non au roman.

Il se peut que Joséphine ait eu de bonne heure le désir de voyager. Je ne puis pourtant pas admettre ce que nous donne Hégésippe Moreau dans son conte des *Petits Souliers*, lorsqu'il dit que

Marie-Rose s'embarqua sur le vaisseau *le Héron* en janvier 1776. Il la laisse se balancer aux cordages des mâts, et lui fait donner des souliers mal cousus par un marin nommé Pierre Hello, en présence d'une vieille tante goutteuse, laquelle est absorbée tout le jour dans la lecture de saint Augustin et ne s'occupe que de son chat au lieu de songer à sa nièce.

Le dénoûment du conte, on le devine : Marie-Rose n'est autre que Joséphine, devenue plus tard impératrice des Français. Elle prend plaisir à conserver les souliers de son enfance, et les tire du fond d'une armoirepour les mettre, à certaines époques, sous les yeux des personnes curieuses qui lui parlent de la gloire des richesses.

Mais en vérité, ce conte n'est pas neuf. Il ressemble trop à celui du berger devenu roi, et qui cache ses habits et sa houlette pour les reprendre un beau jour. Joséphine ne pouvait garder ses souliers dans le but que l'auteur indique. C'est toute une autre histoire. Nous y reviendrons dans les chapitres suivants pour la représenter sous son jour véritable.

IV

C'est au bourg des Trois-Ilets qu'une négresse prophétisa sur le sort de Joséphine ; c'est à Ajaccio, dans l'île de Corse, que l'archidiacre Lucien, à son lit de mort, sut prédire que Napoléon Bonaparte, le plus jeune de la famille, en serait un jour le chef.

Il y a certes un grand rapprochement à faire entre ces deux prédictions parties de deux îles éloignées l'une de l'autre.

Le temps savait qu'elles s'accompliraient sous le regard de Dieu. Il a permis alors que l'enfant de dix ans quittât son pays, vers la même époque où la jeune fille de seize ans quittait le sien.

Tous deux confièrent leurs destinées à la mer, et le flot qui les enleva séparément de leur île, en

1779, n'ignorait pas sans doute qu'il portait deux jeunes existences devant monter un jour ensemble au même temple de gloire. Le flot qui les amena en France n'avait pas encore tout dit.....

Or, tandis que Bonaparte entrait à l'école militaire de Brienne, sous la conduite de son père, qui avait été élu député de la Corse et se rendait à Versailles, la gracieuse Joséphine, la vierge des Trois-Ilets, donnait la main au vicomte de Beauharnais, âgé de dix-sept ans. Elle l'avait accepté pour époux.

Ce mariage vivement conclu, et sur la simple entrevue de jeunes gens qui ne se connaissaient pas, pourrait motiver ici toutes sortes de réflexions. Les parents n'en firent pas. Quant à Mme de Renaudin, qui ne voyait rien de plus beau, de plus accompli que son filleul, elle ne cessait de répéter :

— Alexandre fera le bonheur de ma nièce !

Ce fut à Noisy-le-Grand que les noces eurent lieu.

Les commencements du ménage furent aussi satisfaisants qu'on pouvait le souhaiter.

M. de Beauharnais, pressé de produire sa femme dans le monde et de l'y voir briller, donnait des soirées dans le vaste hôtel de la rue Thévenot, où il était venu demeurer près de son père. Il recevait grandement et déployait avec aisance et facilité son bon goût et ses bonnes manières.

L'accueil que l'on reçut chez lui ne tarda pas à lui ouvrir les portes des plus beaux salons de Paris. La vicomtesse fut heureuse de s'y présenter et de pouvoir apprécier les hautes aristocraties de l'époque.

Mais il faut le dire, ce monde nouveau, presque inconnu pour Joséphine, et dans lequel M. de Beauharnais venait de la placer sans nulle préparation, ne pouvait donner à celui-ci toutes les satisfactions orgueilleuses qu'il s'était promises dès le début.

Il faut évidemment avoir fait l'étude sérieuse du grand monde ou y être né pour s'y trouver bien et ne pas mécontenter les exigeants.

De l'exigence, M. de Beauharnais en manifesta. Il aurait voulu que la vicomtesse fût femme du monde avant de l'avoir connu.

Elle était douce, modeste et réfléchie. C'était véritablement trop de candeur pour l'éclat du monde.

Le vicomte regretta vivement cette simplicité, qui pouvait être pourvue d'un grand mérite au village, mais qui lui semblait ridicule à la ville.

Il lui fallait une femme faite, et Joséphine n'avait à peine que dix-sept ans.

Avec sa docilité exemplaire, elle se soumit à tous les avis que lui donna son mari, et cherchant à lui plaire en tout et partout, elle s'appliqua de son mieux à cette étude du monde que M. de Beauharnais ne connaissait, hélas ! que trop pour sa tranquillité future.

Guidée aussi par les sages conseils de Mme de Renaudin, elle sut bientôt se mettre au niveau du courant du monde. Elle ne s'y laissa pas emporter comme tant d'autres femmes coquettes de la haute société ; mais elle y gagna ce sourire calme et bienveillant qui fit en tout temps sa plus belle parure.

Elle perfectionna son chant, son style et sa diction. Enfin elle augmenta, autant qu'il fut en son pouvoir, le nombre de ses richesses en savoir et en talents d'agrément.

Cependant M. de Beauharnais, qui s'était tout d'abord érigé le professeur sévère de sa femme, goûtait plus tard moins de douceurs dans son ménage qu'il en aurait trouvées s'il se fût montré plus simple et moins exigeant.

Le rôle assez dur de précepteur ne s'accorde pas toujours avec les tendres sollicitudes du rôle de l'époux. Il éteint quelquefois le flambeau de l'amour.

M. de Beauharnais possédait une femme vertueuse, avec une âme belle et pure comme le diamant. Qu'avait-il besoin d'augmenter le nombre des facettes de ce diamant? Le cœur doit briller sans apprêt. Il n'est pas nécessaire qu'il soit façonné pour plaire dès l'instant où l'esprit l'accompagne.

Or, du cœur et de l'esprit, Joséphine n'en manquait pas! Pourquoi désirer davantage?

C'est que l'homme, ayant quelque supériorité sur la femme, croit devoir la dominer en maître absolu. Alors l'amour s'envole, et les luttes intérieures font fuir le bon accord du ménage.

Le mentor, s'il est froid, ne trouve pas toujours un cœur aimant, ou bien, s'il était ardent, ce cœur, il se refroidit.

Ce fut précisément ce qui arriva chez nos jeunes époux.

Le vicomte, plus occupé de la science à inculquer à sa femme que des bonnes qualités qu'elle avait réellement, lui parlait souvent avec une amertume de mots regrettables.

L'amour de Joséphine se réfugia au fond du cœur qu'Alexandre froissa. Elle souffrit et garda le silence.

D'un autre côté, M. de Beauharnais regrettait sans doute le mariage de convenance que sa marraine lui avait fait faire à tort, et songeait qu'il aurait pu aimer une autre femme que la vicomtesse.

Familiarisé avec les plaisirs du monde, il lui était facile de s'abreuver à leur coupe; mais il préférait ceux de la vie de garnison à laquelle il regrettait d'avoir renoncé.

Ses souvenirs s'y étant reportés, il abandonna assez brusquement son ménage et rejoignit son régiment à Rouen, laissant Joséphine à Noisy-le-Grand, chez Mme de Renaudin.

Cependant, vers la fin d'août 1781, il revint trouver sa femme qui lui donna, le 3 septembre suivant, un fils que l'on baptisa du nom d'Eugène. C'est ce fils qui devait un jour relever la gloire des Beauharnais.

On est toujours heureux d'être père; mais l'homme volage ne ressent pas ce sentiment dans toute sa force. Le plaisir préfère toujours les fleurs aux fruits.

Alexandre de Beauharnais semblait vouloir rester l'homme du plaisir.

Un voyage qu'il fit en Italie lui fit oublier un moment ses goûts de dissipation. Mais, de retour à Paris, il n'eut que peu de caresses à rapporter à sa femme, et suivit de nouveau son fatal penchant.

Le congé de six mois qu'il avait obtenu pour faire ce voyage d'agrément venait d'expirer. M. de Beauharnais alla retrouver son régiment à Verdun.

Ce départ, qui laissait encore la triste Joséphine dans un long abandon, et qui lui donnait des craintes fondées, causa son trouble et son chagrin.

Elle n'avait d'autre consolation que son petit Eugène qu'elle pressait sur son sein et qu'elle inondait de ses larmes.

Le temps passe vite dans le plaisir ; il est long à s'écouler dans la peine. Les mois paraissaient des siècles à la pauvre délaissée. Il lui fallut subir son sort avec résignation.

Le lieutenant de Beauharnais, heureux de faire briller son épée, songeait fort peu aux regrets de l'hyménée. Son ambition voyageait partout avec lui. Déjà même elle lui faisait désirer les fonctions d'aide de camp de M. de Bouillé, gouverneur de la Martinique, qui s'était chargé d'entreprendre, contre les Anglais, la conquête de la Jamaïque.

Malgré les lettres de recommandation qui lui

furent délivrées, M. de Beauharnais n'obtint pas la faveur qu'il souhaitait.

Déçu dans son attente, il ne voulut pas cependant revenir sur sa décision de partir pour la Martinique, et il s'engagea comme volontaire, en septembre 1782.

Mme de Beauharnais était enceinte lorsqu'il la quitta.

Après une heureuse traversée, M. de Beauharnais arriva à la Martinique, pour y faire plus amplement connaissance avec la famille de sa femme; mais il ne prit pas part à la vie glorieuse qu'il avait préméditée, attendu que, le 20 janvier 1783, un traité de paix fut signé entre la France et l'Angleterre, à laquelle on rendit les possessions d'Amérique qu'on avait pu lui prendre.

L'épée de M. de Beauharnais resta donc inoccupée, comme elle l'avait été dans les villes de garnison qu'il sortait de parcourir.

Le 10 avril de la même année, il apprit que Joséphine avait donné le jour à une fille, qui fut appelée Eugénie-Hortense. Cette nouvelle le trouva presque insensible.

Son désappointement, relativement à la guerre, était à son comble. Qu'allait-il devenir à la Martinique, seul et sans occupation ?

Sa mélancolie atteignit des proportions qui semblaient vouloir le jeter dans tous les désordres.

Une femme se trouva sur son chemin, et elle lui tendit la main, en lui faisant un de ces sourires de créole auxquels on ne peut répondre que par un sourire aimant.

Il en résulta une liaison dangereuse entre cette créole et M. de Beauharnais.

Malheureusement, elle était l'ennemie jurée de la famille de Tascher, et elle s'empara du cœur et de l'esprit du nouveau venu pour les subjuguer.

Elle lui fit comprendre que, loin de sa femme, il ne pouvait pas en être aimé, et lui suggéra l'idée, dans un intérêt de vengeance tout personnel, de se séparer de Mme de Beauharnais.

Ce vent funeste, venu comme un ouragan de l'île de la Martinique, fut plus accablant pour Joséphine que l'ouragan de 1766, qui avait détruit de fond en comble l'habitation de son père. Il faillit la renverser à terre.

Le parlement, chargé de statuer sur la demande en séparation, ayant pris un temps assez long avant d'arrêter le jugement, Joséphine se retira avec Mme de Renaudin à l'abbaye de Parthemont, rue de Grenelle-Saint-Germain. Enfin, au bout d'un an, la séparation des époux fut prononcée.

M. de Beauharnais qui, pour faire un coup d'État, était venu avec sa créole à Paris, retourna seul à son régiment; mais il obtint de conserver ses droits paternels sur son fils Eugène.

Joséphine, privée de la moitié de ses affections, reporta toute sa sollicitude et tout son amour de mère sur sa fille Hortense.

Que fit le marquis de Beauharnais ? Il loua une maison à Fontainebleau, pour sa belle-fille et pour lui; car, il faut le dire, la conduite de son fils l'avait indigné, et il voulut rester le père de Joséphine.

Trois ans s'écoulèrent de la sorte avec l'espérance toutefois que le vicomte reviendrait à de meilleurs sentiments. Il n'en fut rien. Et Mme de Beauharnais pleura les ennuis d'une séparation qui durait toujours.

V

Il y a une époque dans la vie, quand les peines et les chagrins nous assiégent, où la pensée nous reporte vers le temps heureux de notre enfance. C'est la vague du désir! Elle nous fit quitter le sol qui nous a vu naître pour avoir le plaisir de nous y ramener plus tard...

Désireuse de revoir sa famille et le bourg des Trois-Ilets où s'étaient passées si doucement les années de sa jeunesse, Joséphine profita du départ d'un bâtiment de commerce pour se faire transporter à Fort-Royal.

Elle y arriva donnant la main à sa charmante petite Hortense, âgée de cinq ans.

Les larmes apportées de Paris furent séchées à la Martinique. Le toit paternel n'est-il pas un lieu sûr, un abri contre toutes les tempêtes? Les baisers d'une mère n'effacent-ils pas les soucis qui rident notre front?

Ah! qu'elle devait être heureuse la bonne Joséphine de pouvoir épancher son âme et de déverser toutes ses peines dans le cœur de ses parents!

Ce bonheur fut ineffable sans doute; mais l'orage de 1789, que Joséphine semblait avoir fui en quit-Paris, s'étendit au loin.

La révolution française avait arboré son drapeau libérateur à une hauteur prodigieuse. De tous les points de la France ce drapeau se voyait. Il flottait... il flottait... et la soif de l'indépendance avait besoin d'être étanchée.

A la Martinique où le sol est brûlant, l'indépendance s'y réveilla plus vive qu'à Paris. La révolution troubla Fort-Royal.

Mme de Beauharnais ne fut pas inquiétée au bourg des Trois-Ilets. Je ne doute même pas qu'elle eût pu y vivre en toute sûreté; mais le changement qui venait de s'opérer dans tous les esprits, devait nécessairement apporter de grandes modifications dans celui de M. de Beauharnais.

Nous ajouterons que sa position s'était enfin dessinée.

Major de son régiment, il avait été choisi par

la noblesse du bailliage de Blois pour faire partie desétats généraux. Puis, après le serment du Jeu de Paume, il avait été appelé aux fonctions de secrétaire de l'Assemblée nationale qui, presque aussitôt, l'avait choisi pour son président.

Une satisfaction réelle atteignait enfin le cœur de M. Alexandre de Beauharnais. Ce cœur honnête avait besoin cette fois d'une confidente, d'une amie sincère et dévouée, qui pût le comprendre et lui dire :

— Courage ! n'abandonne pas la voie de l'honneur !

Et il se souvint de Joséphine.

Il l'appela vers lui... La réponse ne se fit pas attendre.

Le 4 septembre 1790, la frégate *la Sensible* ramenait Mme de Beauharnais à son époux.

C'est ici le moment de reproduire l'histoire des *petits souliers*, si mal racontée par Hégésippe Moreau :

Joséphine, en revenant en France avec sa fille Hortense, se trouva sur un bâtiment où les marins se montrèrent dévoués pour elles. Le bagage des deux voyageuses était simple, en raison des circonstances qui les obligeaient à partir précipitamment de la Martinique. C'est à peine si Joséphine avait eu le temps de faire les emplettes qui lui étaient nécessaires pour la traversée.

Hortense ne possédait qu'une petite paire de souliers.

Comme la gentille enfant tenait de sa mère, qu'elle était vive et gaie, qu'elle dansait à merveille la bamboula, et chantait à ravir les chansons des nègres, elle profitait souvent du repos de Mme de Beauharnais, pour se divertir sur le pont du bâtiment et s'adonner à mille jeux qui réjouissaient fort les marins.

Le contre-maître, dont Joséphine regretta plus tard de ne pas savoir le nom, affectionnait beaucoup Hortense.

— Quelle charmante enfant, disait-il, que *ma petite amie!* Je n'en ai pas connu d'aussi spirituelle!

Mais voilà qu'un jour Joséphine, en déchaussant sa gentille petite Hortense, s'aperçut que ses pieds étaient en sang.

— Ah! chère enfant, tu es blessée! Que t'est-il arrivé, mon Dieu?

— Oh! rien, moins que rien! maman. J'ai usé la semelle de ma chaussure en jouant sur le pont. Un clou s'est trouvé sous mes pieds... C'est lui qui m'a légèrement déchirée.

— Hélas! fit Joséphine.

Un second hélas! plus fort, et accompagné de paroles plus énergiques, fut poussé par le contremaître, qui venait d'entendre l'aveu d'Hortense.

— Mère de Jésus! s'écria-t-il, voilà un enfant qui ne peut pas rester comme cela! Il lui faut d'autres souliers...

— Elle n'en a pas, répondit timidement la mère.

— Hé bien! moi j'en ai, reprit le loup de mer, c'est tout comme!...

A ces mots, les gens de l'équipage se mirent à rire. Mais le vieux marin ne se déconcerta pas. Il alla chercher au fond de son coffre une grosse paire de souliers en forme de bateaux plats, et l'apporta à Joséphine.

— Tenez! fit-il. Voilà notre affaire! Ces souliers-là vous paraissent peut-être un peu grands; mais ils sont trop petits pour moi. Ce qui ne veut pas dire que nous ne les rapetisserons pas encore... Je vais tailler des semelles à *ma petite amie;* puis j'y coudrai tant bien que mal des empeignes et des quartiers... Je vous charge seulement de la piqûre et du fignolement des souliers quand je les aurai faits de mesure...

Joséphine laissa faire le contre-maître qui ne fut pas trop maladroit. Elle mit aussi de bon cœur la main à l'ouvrage. Et le même jour, la paire de souliers fut achevée à la grande satisfaction d'Hortense qui put danser de joie tout le reste du voyage.

Voilà l'histoire de ces petits souliers que Joséphine conserva toujours en souvenir de sa fille et du vieux marin.

Aussitôt débarquée, Mme de Beauharnais se dirigea vers Paris. Elle revit son époux, qui demeurait alors dans un hôtel de la rue de l'Université. Il la reçut avec empressement, et lui présenta son fils Eugène, qui lui donna les marques d'un attachement le plus tendre. Hortense fut également affectueuse pour son père.

Si l'union conjugale a des rayons de gloire, aucun ne manquait à l'auréole des époux. Le feu des passions mondaines s'était complétement éteint chez M. de Beauharnais. Il avait fait place à cette douce amitié qui donne naissance à la paix du ménage et qui ramène le gai sourire dans la famille.

Ce sourire-là en vaut bien un autre!

Le vicomte s'applaudissait chaque jour de son heureuse pensée.

C'était le pigeon voyageur rentré au colombier, l'aile froissée, mais le cœur non percé par les flèches qu'il avait reçues.

On pouvait croire un moment que ce cœur avait été atteint pour toujours; mais il n'en fut rien. La flèche la plus aiguë, s'était brisée en route sur un écueil, sur celui de la famille qui ramène avec le temps les insensés qui la délaissent sans motif.

Joséphine allait donc devenir heureuse!

Et déjà elle en faisait le doux aveu à ceux qui l'entouraient.

Le marquis, Mme de Renaudin, tout le monde enfin se réjouissait de cette entente cordiale.

Hélas! un bonheur durable n'était pas destiné à Mme de Beauharnais. Le 6 novembre, elle perdit son père. Ce fut un premier chagrin. Et puis si le feu cruel de l'amour n'animait plus le vicomte, celui des grandes libertés qui allait chaque jour croissant comme l'opinion nationale, bouillait ardemment dans les veines de l'homme de trente ans.

A cet âge, on ressent vivement les ardeurs de la politique. On se laisse facilement entraîner par une conviction. On marche... On marche... Et plus le chemin est droit, plus on relève la tête.

Beauharnais avait fait abnégation de ses titres de noblesse pour mieux suivre l'élan patriotique. C'est à l'épaulette seule qu'il tenait. Il paraissait l'aimer par dessus toute chose. On lui donna, au mois de juin 1793, celle de général en chef à l'armée du Rhin, où il eut sous ses ordres le brave et immortel Rouget de Lisle, l'auteur de la Marseillaise.

A partir du jour de sa nomination, Beauharnais fut entièrement dévoué corps et âme à l'armée. Il fit à ses soldats des proclamations hardies et pleines d'un dévouement républicain.

Chargé de venir au secours de la ville de Mayence, assiégée par Brunswick et Wurmser, Beauharnais se mit en marche. Vingt mille hommes, cernés dans cette place, espéraient le secours de Beauharnais, comme ils l'avaient espéré de Custine, son prédécesseur; mais, hélas! quelques mouvements incertains furent cause que le nouveau général ne sauva pas la place.

Les représentants et les généraux qui s'y trouvaient enfermés craignant, s'ils attendaient plus longtemps Beauharnais, de livrer des prisonniers, préférèrent une honorable capitulation, et l'armée défila sous les yeux du roi de Prusse, lequel félicita hautement les dignes soutiens d'un siége glorieux qui avait duré près de quatre mois.

Par une lettre datée du quartier général de Wissembourg, le 16 juin, Beauharnais avait refusé d'accepter le ministère de la guerre, en disant :

« Trouvez bon que je reste à l'armée, et que je préfère à l'exercice éphémère de fonctions au-dessus de mes forces, l'avantage le plus certain d'exposer ma vie pour l'indépendance de mon pays... »

Ce refus, s'il eût été couronné de succès à l'armée, aurait pu faire grandir le nom du général.

La capitulation de Mayence perdait son avenir. Elle ne fut pas accueillie par la Convention qui rappela Beauharnais, en acceptant sa démission.

La position délicate dans laquelle il se trouvait dès lors ne lui permit pas de s'éloigner de Paris. On eut pu déjà le regarder comme suspect.

Il se retira dans son pays, à la Ferté-Beauharnais, près Blois, et s'y laissa nommer maire, heureux d'y vivre tranquillement avec sa famille.

La Terreur, cette époque horrible, qui fit sortir du flanc de la terre des traîtres et des bourreaux, apparut, hélas! sous sa face hideuse.

Elle frappa tous ceux qu'elle rencontra.

Frères et amis, on se dénonçait mutuellement pour échapper à la mort. Et la guillotine devenue permanente, moissonnait chaque jour de nouvelles têtes.

Beauharnais qui, dans les derniers temps, s'était déclaré franchement patriote, n'en était pas moins encore à la hauteur des préjugés qui pouvaient le frapper.

Il avait été noble. Il connaissait le roi. On ne s'occupait point alors de rechercher s'il avait foulé aux pieds ses titres de noblesse, et si Louis XVI avait péri sur l'échafaud ; on ne songeait qu'à raser tout ce qui ne rampait pas sur le sol, et qui, semblable à l'épi, restait encore debout.

Dénoncé au Comité de salut public, il fut arrêté et conduit à la prison du Luxembourg, à Paris.

Joséphine, que nous avons vue dans le temps calme et résignée lorsqu'il s'agissait de ses propres malheurs, releva fièrement la tête pour déclarer hautement l'innocence de Beauharnais.

Le sang créole battait dans ses artères comme les vagues sur le récif du Diamant à Fort-Royal. Chaque journée s'écoulait en sollicitations périlleuses. La nuit elle ne songeait qu'à voir le jour paraître pour solliciter d'une manière plus énergique que la veille. Elle y mit une telle ardeur, une telle persistance, qu'elle fut bientôt considérée comme suspecte et enfermée dans la prison du couvent des Carmes. La grâce qu'on lui accorda fut celle d'y amener aussi son mari.

Lorsqu'ils furent réunis, les deux époux ne se

plaignirent plus du sort qui les menaçait. La seule chose qui les chagrina fut leur séparation d'avec leurs enfants.

Eugène et Hortense avaient été confiés aux soins de Mme Lamy, leur gouvernante.

Une fois ou deux seulement, ils visitèrent leurs parents, et on eut de la peine à les arracher de leurs bras.

La surveillance du gardien ne permettant pas les entrevues fréquentes ni les entretiens de la famille, une correspondance put facilement s'échanger sous le collier d'un petit chien favori qu'on appelait *Fortuné*, et qui rendait aussi visite aux prisonniers.

C'est lui qui fut porteur de la lettre suivante, écrite de la prison des Carmes par la main de Joséphine :

« Ma chère petite Hortense, il m'en coûte d'être
» séparée de toi et de mon cher Eugène ; je pense
» sans cesse à mes chers petits enfants que j'aime
» et que j'embrasse de tout mon cœur. »

Le malheureux père joignit un mot à celui de la mère éplorée. Ce fut le dernier, hélas! car transporté le 4 thermidor à la Conciergerie, il fut jugé, condamné à mort et exécuté le 6 du même mois...

— —

La nouvelle de cette mort, quand elle parvint jusqu'à la prison de Joséphine, fut une parole déchirante pour son cœur. Le dernier mot de Beauharnais avait été un adieu pour sa femme. Ce mot voulait-il dire réellement adieu ou bien au revoir? Mme de Beauharnais attendait à son tour la mort; mais sans la moindre faiblesse.

Un matin elle crut que l'heure de cette mort était prochaine. Le geôlier vint lui enlever le lit de sangle qu'elle possédait.

Mme d'Aiguillon, l'une de ses compagnes d'infortune, demanda pour quelle cause on retirait le lit de Mme de Beauharnais, et si on avait l'intention de lui en donner un plus convenable?

— Très-certainement! répondit le geôlier avec un sourire moqueur. On lui destine la guillotine...

Les malheureuses femmes, effrayées, se cachèrent le visage dans leurs mains et pleurèrent.

Celle qui devait périr resta seule froide et immobile devant le geôlier qu'elle regarda partir.

Cequ'il avait prédit, ce porte-clefs infâme, ne se réalisa pas...

C'était le jour du 9 thermidor... Robespierre montait le dernier à l'échafaud!

Au moment où Mme d'Aiguillon, pâle et chancelante, demandait un peu d'air à ses compagnes, Joséphine ouvrit la croisée, et vit une femme du peuple qui dansait en manifestant une joie tout à fait extraordinaire.

A un geste significatif qu'elle fit devant les prisonnières, il fallut la comprendre. Une pierre qu'elle laissa tomber de haut, avec de nouveaux épanchements de joie, expliqua suffisamment la chute de Robespierre.

Le soir de cet événement capital, le geôlier rapporta à Mme de Beauharnais le lit nécessaire à son repos.

Il y avait trois nuits que le sommeil fuyait ses yeux. Cette fois elle ferma doucement la paupière, cédant à l'influence du calme du ciel.

VI

Le règne de la Terreur avait fini son temps. Trop de sang répandu s'était bu dans la terre, qui avait tremblé sous le poids de l'échafaud. Les pieds de cet échafaud étaient usés... Et lui-même s'était écroulé un beau jour aux acclamations du peuple.

Une nouvelle ère s'offrit alors à la France. Le citoyen circula sans crainte dans Paris. La liberté ouvrit les portes des prisons. Chaque église rappela ses prêtres, et l'on y chanta les louanges de Dieu. Peu à peu aussi les salons du monde se remplirent de leurs partisans. Les toilettes des femmes y brillèrent plus belles qu'autrefois. Ce fut enfin une nouvelle série de beaux jours pour les hommes et la gloire naissante des enfants de la France.

On était au mois de février 1796. Le Directoire, composé de cinq membres chargés de soutenir le gouvernement de la République, s'était peu à peu entouré d'un certain appareil de grandeur.

Barras, l'un de ses directeurs, représentait à lui seul plus que tous ses collègues. Les salons du Luxembourg, où il recevait, avaient été richement décorés. Tout le monde y affluait : parvenus, fournisseurs de l'armée, gens d'affaires et à bonnes fortunes, ambitieux et savants, chacun s'y était glissé. Les généraux, il faut le dire, occupaient le salon d'honneur. Ils étaient fiers de se rapprocher des dames qui en faisaient le plus bel ornement. Que de créatures ravissantes parmi ces dames, jeunes et fraîches comme les roses du printemps!

Du nombre étaient Mme Tallien et Mme de Staël.

Le général Hoche se faisait remarquer par son élégante tournure et ses bonnes manières. Près de lui, un jeune homme de son âge brillait, non par les beautés physiques, mais par son maintien imposant. Il portait de longs cheveux retombant en mèches éparses sur le large collet de son habit brodé. Sa figure mâle, où l'on trouvait la sévérité des traits romains, annonçait le courage, la résolution et la persévérance, trois qualités solides qui décident de l'avenir de l'homme. Son regard profond et scrutateur s'arrêtait sur tout l'ensemble du grand salon de Barras. Parfois on eut dit qu'il en dépassait les limites, de même que le regard de l'aigle perce au delà de la nue pour sonder la profondeur du ciel.

Ce jeune homme, c'était Bonaparte. L'élève de Brienne, après être entré à l'âge de quinze ans à l'école militaire de Paris, en était sorti un an plus tard pour recevoir le grade de lieutenant dans un régiment d'artillerie à La Fère, le 1er septembre 1785. De là il s'était dirigé sur Grenoble, puis de grade en grade, et, après s'être distingué par de vaillants exploits au siége de Toulon, il avait été nommé général de brigade, le 6 février 1794.

Au 13 vendémiaire (5 octobre 1795) il avait calmé l'insurrection dans Paris par la défaite des sectionnaires.

Voilà le général Bonaparte! Maintenant que cherchait-il dans les salons du Luxembourg? Était-ce Mme de Beauharnais?

Je l'ignore. Ce que je sais, c'est que l'infortunée veuve fut longtemps avant de paraître dans le monde.

Sortie de prison quelques jours après Mme Tallien, et par la toute-puissance de cette femme dévouée au malheur d'autrui, elle avait eu à réparer les désastres de sa fortune.

Plus d'une année y fut employée et sa gêne, pendant ce temps, était extrême. Au mois d'octobre 1795, un riche banquier de Hambourg lui indiqua les moyens de sortir d'embarras par l'envoi de lettres de change tirées sur Mme Tascher de La Pagerie, à la Martinique. C'est donc à sa mère que Joséphine s'est adressée pour se créer des ressources qui lui ont permis ensuite de placer ses enfants en pension à Saint-Germain.

Ce fut enfin Mme Tallien qui parvint, par son crédit, à lui faire restituer une grande partie de sa fortune.

Il se pourrait donc que Mme de Beauharnais eût accompagné Mme Tallien chez Barras; mais rien ne le prouve.

Ce n'est pas, dans tous les cas, chez le directeur que Bonaparte a fait la connaissance de Joséphine.

L'empereur ne l'a pas dit aux serviteurs dévoués qui l'entouraient pour écouter ses récits sur le rocher de Sainte-Hélène. Sa déclaration formelle s'accorde avec ce que nous allons raconter :

C'est après les désarmement général des habitants de Paris, par suite de la défaite des sectionnaires, qu'eut lieu l'entrevue de Mme de Beauharnais avec Bonaparte.

Le général demeurait à l'hôtel de la rue Neuve-des-Capucines, et se trouvait dans la salle de l'état-major, où l'on avait rangé toutes les armes des citoyens, lorsque le capitaine Lemarrois le prévint qu'un enfant voulait lui parler.

Bonaparte le fit entrer et lui demanda ce qu'il désirait :

— Mon général, j'ai quatorze ans, je suis le fils de Beauharnais, qui, comme vous, porta l'épée pour défendre la France.

La tête de mon père est tombée sur l'échafaud... mais avant de mourir mon père, pressentant le sort injuste qui devait le frapper, me donna sa grande épée à moi, tout petit alors, en me disant : « Il n'est pas probable que je la reprenne. Conserve-la avec soin, et si la patrie plus tard réclamait ton bras, ne crains pas de la montrer au grand jour. Elle n'a jamais trahi le peuple ni la Convention. »

Général, c'est l'épée du général en chef de l'armée du Rhin que je viens réclamer. C'est l'épée de mon père que je vous demande à mains jointes, pour la conserver au pied de mon lit comme une sainte relique. Vos soldats l'ont enlevée malgré les pleurs de ma mère. Ayez pitié des larmes de son fils Eugène !

— Je vous la ferai rendre, cette épée, et sur-le-champ, répondit Bonaparte. Vous êtes digne de la porter puisque vous savez défendre l'honneur de votre père.

Au même instant le capitaine apporta l'épée que Bonaparte présenta à Eugène.

— Ah! c'est elle!... je la reconnais!... fit l'enfant, en l'arrosant de ses larmes.

Bonaparte, ému lui-même autant que ce vertueux enfant, lui donna la main.

— Allez! mon fils, allez rejoindre votre mère, lui dit-il. Je veillerai sur vous!...

Dès que Mme de Beauharnais eut appris de la bouche d'Eugène l'accueil qui lui avait été fait, elle ne put résister au désir d'aller remercier le général.

Celui-ci fut sensible à la visite de Joséphine, dont la distinction et la modestie honnête lui firent impression.

Elle avait trente-deux ans; mais personne ne lui aurait donné cet âge. Bonaparte fut séduit par le regard angélique de cette noble femme. Un sentiment qu'il ne put combattre s'éveilla dans son cœur. Et à partir de ce jour, elle devint le rêve de sa vie et de tout son amour.

Mme de Beauharnais venait de quitter un logement qu'elle occupait rue de l'Université pour aller habiter un petit hôtel situé rue Chantereine, et que Talma lui avait vendu. Ce fut dans cet hôtel que Bonaparte alla lui rendre sa visite.

L'aimable veuve l'invita à ses soirées et il n'en manqua pas une.

Un mariage ne tarda pas à être la suite de l'amour violent du général, qui ne s'occupa nullement de la fortune de Mme de Beauharnais.

M. Raguideau, notaire, chargé de dresser le contrat, y songea; car il crut devoir, dans l'intérêt de la future, lui rappeler qu'elle apportait vingt-cinq mille livres de rente à son époux.

— Vous êtes riche, lui dit-il, le général ne possède que son épée.

Joséphine se contenta de sourire, puis répétant tout haut à Bonaparte ce que le notaire venait de lui dire à part, elle ajouta :

— Que pensez-vous, général, de M. Raguideau?

— Je pense, répondit Bonaparte, que c'est un parfait honnête homme, et que je lui accorderais toute ma confiance.

M. Raguideau avait eu tort de mesurer l'étendue d'un contrat à la longueur de l'épée de Bonaparte. Mais lorsque le général fut Napoléon, empereur des Français, il ne garda nullement rancune au conseiller de Joséphine, qu'il nomma notaire de la liste civile.

Le 9 mars 1796, fut célébré, au 2e arrondissement de Paris, le mariage de Mme veuve de Beauharnais avec le général Bonaparte, qui, dès le 23 février, avait été nommé général en chef de l'armée d'Italie, sur la proposition de Carnot et non de Barras, comme on l'a dit à tort.

Les témoins du général furent le directeur Barras et le capitaine Lemarrois. Ceux de Joséphine : Tallien et un sieur Calmelet, ami de la famille Beauharnais. A la date du 21 mars, c'est-à-dire douze jours après les douceurs de l'hymen, Bonaparte quittait Paris pour rejoindre à Nice l'état-major de l'armée d'Italie. Un rayon de gloire illumina son front, des pleurs sillonnèrent le visage de Joséphine...

VII

Nous n'avons pas l'intention d'abandonner Mme Bonaparte pour conduire le lecteur dans les champs de lauriers où le vainqueur de l'Italie a cueilli des palmes immortelles, et où il a fait tomber la manne du ciel sur ses soldats, sur ces braves guerriers habitués à verser leur sang pour l'honneur de la France, et à vivre de privations depuis qu'ils servaient la République.

Chaque soldat dut bénir le nom du général en chef, puisqu'il eut, à partir de cette époque, du pain, des vêtements et de la gloire.

Mais nous l'avons dit, dès le début, l'histoire de Napoléon n'est pas réservée à notre plume. Elle a été faite, cette histoire, et si quelque écrivain de mérite se charge de l'entreprendre encore, il faut lui en laisser toute l'étendue.

La notice que nous livrons au public est spécialement consacrée au souvenir de Joséphine. Puisse-t-elle vivre aussi longtemps que ce souvenir, c'est là notre seule ambition.

Les triomphes de Bonaparte avaient attiré sur lui les félicitations des directeurs, et tout particulièrement celles de Carnot. Les Conseils déclarèrent, à l'unanimité des voix, que le général en chef de l'armée d'Italie continuait de bien mériter de la patrie.

La France était heureuse de publier ses conquêtes dans le *Moniteur*, et Mme Bonaparte se consolait de l'absence de son époux en lisant les charmantes lettres qu'il lui adressait :

« Mon unique Joséphine, lui écrivait-il de Port-Maurice, le 3 avril 1796, loin de toi, il n'est pas de gaîté, loin de toi le monde est un désert où je reste isolé et sans éprouver la douceur de m'épancher. Tu m'as ôté plus que mon âme, tu es l'unique pensée de ma vie... »

Cette lettre était longue et passionnée de la première à la dernière ligne. Elle fut suivie d'une quantité d'autres lettres, respirant toutes les parfums de l'amour le plus pur.

Joséphine y répondait, et ses lèvres les effleuraient de tendres baisers. Nous pouvons dire aussi que les lettres de Joséphine valaient celles de Bonaparte, le style de la femme aimante et bonne n'étant jamais au-dessous des sentiments de l'homme.

Leur corrèspondance dura près de trois mois. Mais à la fin, Mme Bonaparte ne put résister au désir d'exprimer de vive voix tout ce que son cœur ne pouvait dicter à sa plume, et elle se rendit à Milan vers les derniers jours de juin.

Le climat de l'Italie ne fut pas très-salutaire à sa santé. Il faut ajouter que l'ennui qu'elle éprouvait à Paris était venu résider à Milan. Le général en chef, heureux de revoir sa femme, lui avait consacré quelques jours, et il avait dû s'en séparer forcément pour rejoindre l'armée.

Au mois de janvier 1797, il fit venir Joséphine à Bologne et l'y laissa pour marcher sur Rome après la reddition de Mantoue. De Bologne, où elle lui écrivait des lettres qui peignaient son mortel ennui, il vint la reprendre pour la ramener à Milan.

Bonaparte avait à ses côtés pour aide de camp Eugène Beauharnais, jeune homme plein d'avenir, et dont la valeur se distinguait chaque jour. Joséphine était toujours seule et loin de sa fille, qu'elle chérissait...

Une cour de jeunes et jolies femme l'entourait à Milan ; les écrivains l'ont dit, mais ce n'était pas là le bonheur qu'elle enviait.

Le traité de paix de Campo-Formio vint heureusement déchirer le voile de tristesse qui couvrait, pour Joséphine, le beau ciel de l'Italie. Ce ciel ne lui parut brillant qu'à partir du jour où il fut décidé qu'elle revenait à Paris. Bonaparte l'avait précédée de quelques jours.

Une réception solennelle fut faite au général en chef par le Directoire. Le Corps législatif, de son côté, lui donna une fête brillante.

La municipalité de Paris voulant aussi reconnaître les grands services de Bonaparte, se rappela du petit hôtel qu'il occupait, rue Chantereine, et rendit un arrêté, le 31 décembre, pour donner à cette rue le nom de rue de la Victoire.

C'était une délicieuse demeure que l'hôtel qui avait appartenu aux époux Talma et que Joséphine avait restauré. L'extérieur représentait un pavillon carré, avec pans coupés, mais précédé d'un vestibule en forme de rotonde ou de tente éclairée par une porte vitrée et à croisillons disposés triangulairement. Cette porte était ornée de peintures imitant des rideaux de coutil. A gauche et à droite des rideaux, on remarquait des trophées dont le bois sculpté avait été adossé sur le mur circulaire. On arrivait au haut du vestibule en montant quelques marches, et l'on pénétrait à la suite de cette espèce d'antichambre, dans une vaste salle à manger ovale à côté de laquelle se trouvait un boudoir. Derrière cette salle, un immense salon ayant issue sur un jardin ombragé de grands arbres; puis un petit salon servant de cabinet d'étude au général. Les décors de ces salons étaient fort beaux. David avait enrichi, par des sujets mythologiques, la frise du salon principal.

Un petit escalier en spirale conduisait au premier étage qui comprenait : la salle de bain, un salon et deux chambres à coucher.

La pièce occupée par Bonaparte était d'une sévérité antique. Celle de Joséphine présentait un contraste frappant par la disposition de glaces allant du sol jusqu'au plafond. L'intérieur de l'alcôve se retranchait dans un décor de fleurs charmantes qui se reflétaient dans les glaces de face. L'effet était simple et riche tout à la fois.

L'hôtel de la rue Chantereine avait été le temple de l'amour du général, l'hôtel de la rue de la Victoire devint le cénacle des gens illustres.

Bonaparte nommé, à la date du 28 décembre, membre de l'Institut, prenait plaisir à réunir tous les jeudis chez lui ses confrères et un grand nombre de compositeurs et d'écrivains. On cite parmi eux : Arnault, Bernardin de Saint-Pierre, David, Andrieux, Picard, Bouilly, Volney, Baour-Lormian, Ducis, Legouvé, Lemercier, Méhul et son ami Rouget de Lisle, puis enfin Talma que Bonaparte savait apprécier.

Les heures de chaque soirée s'écoulaient doucement et vite. Elles étaient charmées par de bonnes lectures et d'excellente musique. Bonaparte encourageait les arts. Il excitait les compositeurs à produire. Ce fut lui qui commanda plusieurs chants guerriers à Rouget de Lisle.

Nous ne devons pas non plus cacher au lecteur que c'est dans le salon de la rue de la Victoire que s'alimentèrent les premiers feux du 18 brumaire, lesquels aidèrent à la nomination du premier consul, le 13 décembre 1799. Mais avant cette époque il y eut encore des ennemis à combattre.

Bonaparte entreprit la campagne d'Égypte qui fut suivie de celle de Syrie.

Pendant ce temps qu'allait devenir Joséphine?

Elle eut un moment le désir de suivre le général en chef de l'armée d'Orient, et voyagea avec lui jusqu'à Plombières ; mais il s'opposa à ce qu'elle allât plus loin, pour ménager sa santé.

Elle revint donc à Paris, laissant Bonaparte et son fils Eugène s'embarquer à Toulon.

Les réunions de la rue de la Victoire n'avaient aucune raison de cesser. Joséphine les entretint comme femme du monde et ensuite dans l'intérêt de Bonaparte, dont elle servait la gloire et le nom.

Elle présidait un salon avec tant de grâce et de majesté, que la foule s'y rendait en tout temps pour en admirer la reine. Et puis, qui n'avait pas un secours à demander, une faveur à obtenir, une grâce à solliciter. Joséphine répondait à toutes les demandes et ne songeait qu'à faire des heureux.

La bienfaisance est une douce occupation, sans doute, mais, l'été, que faire à Paris tout le jour dans un salon.

Joséphine, il est vrai, recevait Hortense le jeudi. Mme Campan la laissait sortir de la pension; mais une partie de la journée se trouvait prise par le voyage.

Une idée vint alors à l'excellente mère, celle de se rapprocher de sa fille en achetant une propriété aux environs de Saint-Germain ou de Rueil. Le château de la Malmaison était à vendre. Il lui plut et elle en fit l'acquisition vers l'automne de 1798. Dès son arrivée dans la propriété, et grâce à son goût tout particulier pour le bon établissement des choses, Joséphine, semblable à une fée qui transforme une grange en palais d'un seul coup de baguette, changea l'aspect du parc, du château et de ses dépendances. Des cascades, des jets d'eau parmi de vertes pelouses, des serres chaudes pour les plantes rares et les arbres exotiques, des forêts d'arbres étrangers, une variété de camélias, des massifs d'hortensias, en l'honneur de sa fille, enfin mille curiosités, mille objets d'arts furent exposés aux regards des curieux, toujours grâce au génie inventif de Joséphine, qui sut se créer des distractions honnêtes au milieu de sa solitude.

Le ruisseau de la Malmaison fut le seul qui ne vit pas sa simplicité détruite. Il rappelait à Joséphine le ruisseau limpide des Trois-Ilets, et elle le respecta.

Delille, qui dut trouver ses plus douces inspirations dans le parc où il lui était permis de venir, et qui célébra l'invention des jardins dans un poëme élégant, chanta aussi en vers harmonieux le ruisseau de la Malmaison. On assure que c'est à l'ombre des bosquets plantés par Joséphine qu'il traduisit une partie des Géorgiques.

La souveraine de ces lieux enchanteurs y passait tranquillement son existence, dépensant tout son amour à la culture des fleurs.

Redouté, dont elle admirait les riches tableaux d'étude, n'était que le copiste de la nature embellie par les mains de Joséphine.

C'est à cette femme supérieure en l'art de guider les travaux et les hommes, à celle qui sut fonder à la Malmaison un jardin botanique, une école d'agriculture et des ménageries utiles, que nous devons adresser les deux vers suivants du poëme des Jardins.

La nature est à vous, et votre main féconde
Dispose pour créer, des éléments du monde.

Bonaparte encourageait les goûts de Joséphine.

Il venait toutes les fois qu'il le pouvait se reposer à la Malmaison des longues fatigues de la guerre.

Le premier consul la visita jusqu'au 20 mai 1804, époque à laquelle il fut proclamé empereur des Français. La Malmaison dut nécessairement être oubliée pour le château des Tuileries et celui de Saint-Cloud, dont il avait déjà commencé à faire sa résidence vers l'automne de 1802.

Mais en 1815, lorsque le ciel fut tout couvert de nuages, que le tonnerre gronda sur tous les points de l'horizon, Napoléon trouva un refuge à la Malmaison et un oreiller pour reposer sa tête.

Malheureusement Joséphine n'était plus là pour poser sa main fraîche sur le front brûlant de l'empereur. Une tombe s'était ouverte et refermée sur elle.

Napoléon pleura... car lui aussi restait seul, abandonné par ses serviteurs, et il sentait un poison couler dans ses veines... C'était le poison d'une mort lente qui lui avait été versé par la main de ceux qui le trahissaient.

Quand il partit de la Malmaison ce fut pour ne plus revoir la France.

Mais revenons à des récits moins tristes pour Napoléon. L'histoire lui doit encore des jours de triomphe et quelques instants de bonheur à Joséphine.

VIII

Quelle est cette agitation qui règne dans Paris? Les quais, les esplanades, les rues les plus grandes ont de la peine à contenir la foule. Où se dirige-t-elle? Pourquoi les grenadiers de la garde ont-ils leur bel uniforme? Où vont-ils, ces vaillants soldats qui eurent dans leurs rangs le brave Latour d'Auvergne pendant la campagne de Piémont? Où vont-elles, je vous le demande, ces vieilles moustaches qui se mouillèrent d'une larme d'attendrissement lorsque Napoléon récompensa leur valeur au camp de Boulogne? Serait-ce un nouveau dix-huit brumaire préparé par le vainqueur de l'Italie. — Non. — Mais pourquoi donc tant d'hommes sur pied et tant de mouvement dans la capitale? C'est que le 2 décembre 1804 est arrivé.

Napoléon l'a choisi pour recevoir la bénédiction du pape à l'occasion du couronnement et du sacre.

Pie VII est un bon vieillard qui a logé aux Tuileries pendant les jours qui ont précédé ; en ce moment il attend l'empereur et l'impératrice à l'église de Notre-Dame.

Quelle gloire pour Napoléon ! Quelle joie pour Joséphine ! Car les deux prédictions, celle de l'archidiacre Lucien à Ajaccio, et celle de la négresse du bourg des Trois-Ilets ont été plus qu'accomplies.

Napoléon est non-seulement le chef de sa famille, mais il est devenu le père de toute une nation. Joséphine n'a pas été élue reine ; mais elle est l'impératrice des Français... elle est la mère du peuple.

Elle connaît ses devoirs depuis le 20 mai, date à laquelle le titre lui a été donné, et elle songe à les remplir ; car ce titre va être de nouveau consacré par une cérémonie religieuse.

Joséphine n'a pas dormi de la nuit. Cependant il lui semble qu'elle a dû fermer les yeux. Des rêves agités l'ont bercée comme le nid d'hirondelle au bord de la vague. Elle a revu l'aigle qui doit la transporter au delà des mers pour l'élever sur un trône, et ce trône, qu'elle a déjà vu de près, paraît bientôt s'éloigner peu à peu dans le bleu des illusions...

Mais, ô bonheur suprême, le rêve lointain devra s'effacer devant l'heure du présent puisque Joséphine est réellement impératrice des Français.

La voiture du sacre l'attend sous son dôme doré, l'empereur s'assied près de l'impératrice, et huit chevaux de toute beauté les entraînent à l'archevêché.

C'est à dix heures et demie que le cortége se mit en marche. Il était précédé d'escadrons de cavalerie ayant à leur tête le vaillant Murat. Les personnages de la cour étaient contenus dans les dix-huit voitures qui suivaient le char élégant de Leurs Majestés.

Le canon, de sa voix sonore, avait annoncé le départ des Tuileries, une seconde salve d'artillerie prévint de l'arrivée du cortége à Notre-Dame.

Durant son parcours, la voiture du sacre avait été fêtée sur son passage par les acclamations bruyantes et sympathiques de la foule qui s'était pressée pour l'admirer, malgré le froid et la brume. Et Joséphine avait répondu aux cris de : *Vive l'Empereur! vive l'Impératrice!* par mille saluts et mille gracieux sourires.

Lorsqu'ils furent entrés dans la nef de l'église, ils trouvèrent un dais porté par les chanoines du chapitre de Notre-Dame, lequel les conduisit dans le chœur non loin des marches de l'autel.

Des trônes et des prie-dieu leur étaient réservés. Ils s'y placèrent en vue de toute l'assemblée.

L'empereur était vêtu d'une robe de satin blanc brodée en or. Un manteau de velours cramoisi, semé d'abeilles d'or, recouvrait seulement son épaule droite à la façon romaine. Ce manteau était doublé d'hermine, et garni sur les bords de la même fourrure. Au bas des abeilles se voyaient des N couronnés que le lierre et le chêne enlaçaient de leurs branchages. L'épée de l'empereur était suspendue à gauche de sa ceinture. Il avait sur sa tête un simple diadème en branches de laurier, comme César. L'impératrice portait aussi un long manteau de velours rouge garni d'hermine et semé d'abeilles d'or. Son joli front était orné d'un riche diadème rehaussé de rangées de perles avec un feuillage de diamants, donnant naissance à quatre brillants magnifiques dont les feux éblouissaient les regards.

Devant l'autel ils se dépouillèrent de leurs insignes royaux, et Pie VII répandit l'huile sainte sur leur front et sur leurs mains. Il officia ensuite avec toute la dignité et toute la pompe que réclamait la grande solennité.

Tout le temps que l'office dura, Joséphine fut d'une piété sans égale. Elle récitait ses prières avec ferveur.

Le moment vint enfin où Napoléon, montant les marches de l'autel pour recevoir sa couronne, la saisit gravement et se la plaça sur la tête.

Il prit aussi la couronne portant une boule surmontée d'une croix d'or qui était destinée à l'impératrice après que le pape l'eut bénie, puis il la déposa doucement sur le front de sa compagne comme s'il eut craint de lui en faire sentir le poids.

Joséphine comprit cette noble et délicate attention. Elle tourna ses yeux attendris du côté de l'empereur, et l'on y vit briller des perles et des diamants d'une pureté sans égale. Ils semblaient, ces diamants naturels, vouloir éclipser, par l'amour et la reconnaissance, tous ceux que l'art peut façonner pour orner un diadème.

Après cette cérémonie imposante, l'empereur et l'impératrice revinrent aux Tuileries, salués encore sur la route par les acclamations du peuple.

Les rues étaient ornées de guirlandes de fleurs

et de mâts pavoisés. Aux fenêtres s'agitaient des drapeaux.

La foule mit du temps à s'écouler après le cortége et les soldats qui formaient partout la haie sur son passage. Le soir, tout Paris fut illuminé, et l'on entendit des concerts de joie. Pendant trois jours consécutifs la ville eut ses réjouissances et ses fêtes nationales.

Tout le monde sait que les diverses conspirations tramées contre les jours du premier consul furent cause en partie de son élévation à l'empire.

L'arrestation de Georges Cadoudal et de ses complices avait eu lieu le 28 février précédent. Ce chef de parti fut jugé le 10 juin, et condamné à mort. Mais nous l'avons dit, Joséphine connaissait ses devoirs ; elle était impératrice depuis le 20 mai, et elle sut favoriser le pardon de huit accusés gravement impliqués dans la conjuration.

Elle avait eu l'adresse de placer les personnes qui s'intéressaient aux coupables sur le passage de l'empereur pour qu'elles pussent se jeter à ses pieds. C'est de la sorte que Mme de Polignac, introduite au château de Saint-Cloud, sauva la vie à son mari, et que les sœurs de M. de Rivière obtinrent la grâce de ce dernier.

Lors de l'affaire malheureuse du duc d'Enghien, qui remonte au mois de mars, Joséphine ne possédait pas la même autorité. Elle n'eut pas d'ailleurs la possibilité de sauver ce prince.

A la date du 15 mars, il avait été arrêté à Ettenheim, par suite des ordres donnés aux généraux Caulaincourt et Ordener, et enfermé dans la citadelle de Strasbourg. Le 20 au soir, il était au château-fort de Vincennes. Bonaparte le savait ce soir même à la Malmaison. Joséphine aussi; mais elle n'osa faire aucune question au premier consul.

Le lendemain matin, Bonaparte était dans son cabinet avec Joséphine qui cherchait, depuis un quart d'heure environ, de quelle manière elle s'y prendrait pour entamer le chapitre qui lui pesait lourdement sur le cœur, lorsque deux généraux se présentèrent : Caulaincourt et Berthier.

— Sire, est-il vrai, demanda M. de Caulaincourt, que le duc d'Enghien ait été fusillé ce matin?

Joséphine frissonna.

— On assure, ajouta le général, que l'explosion des armes à feu s'est fait entendre de Vincennes à Paris vers les quatre heures.

Bonaparte garda le silence.

— Oh! non, la chose n'est pas certaine, reprit

fermement Joséphine, tout en se rapprochant de son auguste époux. Sire, dites-nous qu'il est encore temps de sauver le duc d'Enghien, je vous en supplie à mains jointes... Laissez-moi vous dire qu'il est innocent.

— J'ai les preuves du contraire, Madame, répondit sèchement Bonaparte, en fronçant le sourcil.

— Eh bien, s'il est coupable, pardonnez lui sa faute. La grandeur du pardon peut toujours effacer un crime si grand qu'il soit.

— Vous parlez à merveille, Madame; mais la justice militaire a parlé avant vous. Il est trop tard!

— Ah! Sire, ce bruit... dit en pâlissant M. de Caulaincourt... c'était...

— La mort du duc d'Enghien, répondit froidement Bonaparte.

A ces mots le général se sentit défaillir. Berthier, le voyant faible sur ses jambes, s'empressa de le soutenir et de lui prodiguer des soins.

Joséphine, vivement émue tout d'abord, avait donné un libre essor à ses larmes.

— Le prince est mort innocent! répétait-elle sans cesse. Sire, ceux qui vous servent vous ont indignement trompé pour vous perdre en même temps que le duc d'Enghien.

Bonaparte la regarda sévèrement.

— J'ai fait, dit-il, arrêter et juger le duc d'Enghien, parce que cela était nécessaire à la sûreté, à l'intérêt et à l'honneur du peuple français. Dans de semblables circonstances j'agirais de même.

Joséphine garda le silence. Elle n'avait rien à répondre aux paroles que Napoléon transcrivit en dernier lieu sur son testament.

IX

La plus belle page de l'histoire de Joséphine est sans contredit celle qui parle de son exil.

C'est au milieu des hommages respectueux qui l'entouraient, de l'estime la plus grande, des honneurs qui lui étaient rendus, et de la gloire des richesses, qu'il lui a fallu entendre le mot qui devait la séparer pour toujours de l'empereur.

Elle disait parfois, en voyant le faste et les intrigues de cour, qu'elle eût été heureuse d'être la femme d'un laboureur ; mais, quoi qu'il en fût, elle avait su vivre noblement à la cour, et elle y avait conquis toute la sympathie des personnes qui l'approchaient. Le malheur avait accès près d'elle. Elle savait apaiser toutes les craintes et toutes les douleurs. Elle était donc née pour porter dignement une couronne; mais, hélas! elle était née en même temps pour souffrir.

Joséphine aimait Napoléon de tout son cœur et de toute son âme. Elle lui était sincèrement dévouée et ne chercha jamais à froisser sa volonté. Sa douceur était exemplaire, son courage parfois énergique. Douée d'une mémoire sans pareille, Napoléon l'avait surnommée son agenda vivant. Il lui arrivait souvent de la consulter et de suivre ses bons conseils.

L'impératrice recevait toutes les confidences de l'empereur.

Un jour elle voulut connaître le nombre des infidélités qu'il avait dû lui faire.

Napoléon souriait.

— Dites-moi le nom de vos conquêtes.

— Je ne me le rappelle pas.

— Étaient-elles jolies les dames que vous avez connues.

— Oui.

— Bien jolies! Bien jolies?

— Ravissantes de beauté!

Joséphine soupira tristement; puis elle reprit :

— Je veux bien admettre pour vraies vos délarations; mais je doute que les dames dont vous parlez, si belles qu'elles fussent, vous aient aimé un seul jour autant que je vous aime...

Joséphine était bonne par nature et sans étude.

Il lui a fallu, hélas! renoncer à son amour pour obéir à de graves exigences.

Napoléon voulut le divorce. Et elle l'accepta, pour le maintien du trône auquel une autre femme devait donner un héritier.

Est-il beaucoup de femmes sur la terre qui soient capables d'un pareil dévouement? Si la force, l'énergie ou le pouvoir fait agir les hommes, comment appellerez-vous l'acte sublime d'une femme qui se sacrifie pour l'honneur de son époux?

Les fastes de la gloire française n'ont jamais eu un pareil fait à enregistrer.

Un guerrier peut vaincre à lui seul des ennemis nombreux; mais une femme courageuse qui s'arme du tranchant de la raison pour rompre tous les liens qui l'attachent à la cour par les droits de l'hymen, cette femme-là est au-dessus du guerrier. Elle porte sur son front le casque de Minerve. Ce n'est pas une impératrice qui descend les marches du trône, c'est la déesse de la sagesse.....

Telle fut Joséphine!

Des larmes abondantes inondèrent d'abord son

visage lorsqu'elle fut informée de la résolution de l'empereur ; mais elle se soumit ensuite à l'arrêt fatal avec une grande résignation.

Eugène Beauharnais, à cette époque, était comblé des bienfaits de Napoléon qui, peu de jours après son couronnement à Milan, 26 mai 1805, l'avait nommé vice-roi d'Italie le 8 juin suivant.

Hortense se trouvait mariée à Louis Napoléon, élu roi de Hollande le 5 juin 1806, pendant la campagne de Prusse.

Tous deux eurent un moment l'idée de quitter la France et d'emmener l'impératrice en Italie; mais Joséphine ne le voulut pas.

— Ne soyons pas ingrats, leur dit-elle, envers notre bienfaiteur. L'empereur est grand ! Devons-nous rougir de rester à ses pieds? J'y suis aujourd'hui... Il me relèvera demain.

C'est alors que le vice-roi montra la fermeté et le courage dont M. de Norvins parle dans l'histoire de Napoléon.

Le roseau plia sous le coup qui semblait le frapper ; mais il ne baisa pas la terre où d'autres pas que ceux de Joséphine laissèrent des traces. Pourquoi blâmer Eugène d'avoir assisté au mariage de Marie-Louise avec Napoléon? N'était-ce pas un devoir? Il l'a accompli, puis il est accouru verser ses pleurs sur le sein de sa mère.

Ce n'est pas Marie-Louise qui pouvait remplacer Joséphine. On ne remplace pas de l'or par du marbre. L'un brille dans toute sa pureté, l'autre reste froid en tout temps.

Le peuple sut faire plus tard cette comparaison, et il regretta son ancienne impératrice.

Napoléon changea de femme pour avoir un fils. Joséphine partit... et le peuple perdit une mère.

Quelques écrivains ont jugé sévèrement la conduite de Napoléon, en ce qui regarde le divorce. Ils n'ont pas compris ce qu'il a fallu de force de caractère à l'empereur pour s'y décider.

Napoléon rendait à Joséphine tout l'amour qu'elle lui donnait; mais il y avait au-dessus de sa nature d'homme quelque chose de plus imposant... Il était empereur, et comme tel, il voulait le bonheur de la France. Il aimait le peuple avant Joséphine, et c'est pour le peuple qu'il est mort sur un calvaire infâme où des sicaires l'ont cloué vivant.

Il sut entreprendre de grandes et belles choses; mais durant ses campagnes il avait senti plus d'une fois ses forces le trahir. Une infinité de projets pour la gloire du peuple n'étaient qu'ébauchés.

Qui se chargerait de continuer son œuvre après lui; Napoléon n'avait pas d'enfant. Il le déplorait sans cesse.

Cette idée fixe le poursuivant jour et nuit il songea au divorce.

C'est alors qu'il mit de chaque côté de la balance de l'équité son penchant pour Joséphine et celui pour le peuple. Ce fut le dernier qui l'emporta.

La veille, au soir, du 16 décembre 1809, Joséphine et Napoléon se rendirent à l'église Notre-Dame.

Leur visage sombre avait l'aspect de deux chaînons d'or, que le feu de la lampe va désunir.

Le lendemain, le Sénat prononça la dissolution du mariage de l'empereur et de l'impératrice.

Nous ne comparerons pas le départ de Joséphine à celui de la servante Agar chassée par Abraham.

Napoléon, en se séparant de celle qui avait fait le charme de son existence, voulut qu'elle conservât le titre d'impératrice.

C'est à la Malmaison qu'elle se retira. L'empereur ordonna qu'elle y fût servie et honorée comme elle l'était aux châteaux de Saint-Cloud et des Tuileries.

Le peuple, pour son compte, n'eut pas besoin de la recommandation. Il appelait Joséphine la mère du pauvre et des affligés, et il continua de l'aimer pour Napoléon.

Il chanta la jolie romance attribuée par erreur à l'impératrice, mais dans laquelle on retrouve ses nobles sentiments. Cette chanson, qui a fait sensation non-seulement à l'atelier, mais dans nos salons, était intitulée : *Appelez-moi, je reviendrai.*

Elle est tellement bien appropriée à la situation de Joséphine après le divorce, que nous ne pouvons nous dispenser de la citer.

Les paroles sont de M. Émile Barateau, la musique de M. Auguste Panseron.

Voici le texte :

Je le sais, vous m'avez trahie,
Une autre a su mieux vous charmer.
Pourtant quand votre cœur m'oublie,
Moi je veux toujours vous aimer.
Oui, je conserverai sans cesse
L'amour que je vous ai juré,
Et si jamais on vous délaisse,
Appelez-moi, je reviendrai.

Que le bonheur vous environne,
Qu'un doux espoir guide vos pas ;
Puissiez-vous, quand je vous pardonne,
Jamais ne rencontrer d'ingrats.
Si vos jours coulent sans alarmes,
Presque heureuse alors je vivrai ;

Si vous versez un jour des larmes,
Appelez-moi, je reviendrai.

Si jamais son amour vous quitte,
Faible, si vous la regrettez,
Dites un mot, un seul... et vite!
Vous me verrez à vos côtés.
Vous ne me trouverez plus belle;
Ah! loin de vous j'ai tant pleuré!
Dussiez-vous ne parler que d'elle,
Appelez-moi, je reviendrai.

Si Joséphine a modulé l'air de cette chanson, mon Dieu, que sa voix douce devait être agréable à entendre!

Au surplus il a dû, cet appel, parvenir jusqu'à Paris, puisque Napoléon revint un matin de bonne heure à la Malmaison.

Personne ne s'attendait à la visite; mais Joséphine fut on ne peut pas plus heureuse de la surprise.

Le jardin servit de salon de réception.

L'empereur et l'impératrice s'assirent sur un banc qui faisait face au château.

Que se passa-t-il? Tout le monde pouvait le voir des appartements. Que se dirent-ils? Personne ne put positivement le savoir.

Cependant, la conversation qui dura quelques heures, dut être des plus affectueuses; car l'empereur paraissait des plus aimables, et son front était illuminé d'un feu que la satisfaction du cœur peut seule y faire monter.

Il prit plusieurs fois la main de Joséphine pour la presser dans les deux siennes, et leurs regards s'échangeaient par de douces pensées.

Quand il se leva du banc qu'il semblait quitter à regret, Joséphine se dirigea vers une corbeille de rosiers à droite de la pelouse formant le tapis vert du château, et cueillit une rose d'une belle nuance lactée et qui répandait une odeur de thé fort agréable. Elle l'offrit à Napoléon, en lui disant :

— Acceptez cette fleur séparée de sa tige en souvenir de moi.

Napoléon prit la rose et déposa en même temps un baiser sur la main tremblante de Joséphine.

Il traversa ensuite le jardin, et se dirigea du côté de la grille où sa voiture l'attendait.

Quand Joséphine se vit seule, elle remonta dans sa chambre et s'y enferma...

Le lendemain, elle alla s'asseoir sur le banc qui avait été le témoin d'une joie éphémère et parut rêveuse.

Le jardinier passa près d'elle... Joséphine n'y fit pas attention.

Mais, le voyant prodiguer des soins au rosier qui, la veille avait perdu sa plus belle rose. en l'honneur de l'empereur, elle lui demanda le nom de l'arbuste qu'elle déclara préférer à tous les autres.

Le jardinier répondit avec un fin sourire :

— Il se nomme : *Le Souvenir de la Malmaison.*

— Je ne veux pas qu'il meure, *ce Souvenir*, reprit vivement Joséphine. Vous avez eu raison de soigner le rosier thé; je veux, à l'avenir, me charger moi-même de l'arroser tous les matins...

Bien des roses furent découvertes depuis l'époque, et leurs noms de baptême ont été plus ou moins pompeux; mais aucune n'a remplacé jusqu'à présent dans nos jardins *le Souvenir de la Malmaison.*

X

Tout le temps que Joséphine habita seule la Malmaison, c'est-à-dire de 1809 à 1814, sa vie fut des plus modestes et des plus exemplaires.

On l'a accusée à tort d'avoir consacré toute sa fortune à des dépenses de luxe exagérées. Elle a fait, au contraire, de nombreuses économies dans l'intérêt des pauvres auxquels, il est vrai, elle n'a jamais rien su refuser.

La ménagerie, loin d'être agrandie, a été supprimée en partie. Les serres et les jardins ont seuls contribué aux plaisirs honnêtes de Joséphine. Si elle a dépensé quelques sommes d'argent pour satisfaire sa passion des fleurs, elle a du moins suivi les goûts innocents de la nature en cherchant à rassembler toutes ses richesses.

Joséphine a sommeillé comme l'abeille au milieu des pavots fleuris. Elle y a cherché l'oubli de son chagrin mortel...

Le château de la Malmaison était extérieurement d'assez modeste apparence, c'est-à-dire que l'impératrice des Français était digne d'en avoir un plus beau.

Il se composait d'un rez-de-chaussée et d'un premier étage dont Joséphine se contenta. L'intérieur seul du château fut transformé par elle en un petit palais délicieux. Tout y avait été disposé avec art et avec goût.

Le rez-de-chaussée avait un grand vestibule soutenu par des colonnes qui partageaient en deux son étendue. D'un côté se trouvaient des salons de réception et une salle de billard. De l'autre côté la salle à manger, puis la salle du conseil et le cabinet de travail du premier consul.

Au premier étage, la galerie de tableaux, puis les appartements de l'empereur et de l'impératrice. Au-dessus, d'autres petits logements pour les invités ou les personnes qui logeaient au château. La chambre à coucher de Napoléon resta telle qu'elle était avant le divorce. Quelques vêtements de l'empereur s'y trouvaient. Joséphine voulut qu'ils restassent là où Napoléon les avait oubliés;

C'étaient les reliques confiées à sa garde. Elle seule en prenait le soin particulier. Personne autre que Joséphine n'entrait dans ce sanctuaire où elle venait souvent prier et pleurer.

Les richesses du château n'avaient plus d'attraits pour ses yeux depuis le départ de l'empereur.

Les visiteurs n'en admiraient pas moins, au rez-de-chaussée, une infinité de choses curieuses et d'un prix élevé. Parmi ces belles choses on remarquait tout d'abord un magnifique service en porcelaine de Sèvres donné par l'empereur. Des meubles sculptés, des vases antiques, des bronzes d'art, etc.

Dans le grand salon, un meuble dont la superbe tapisserie avait été entièrement faite de la main de Joséphine.

A l'époque du sacre, des objets de valeur, notamment un meuble de toilette fort riche avait été offert à l'impératrice. Ce meuble était relégué dans un coin de la chambre à coucher de Joséphine et semblait être condamné comme elle à l'exil.

La chambre à coucher, puisque nous y sommes montés en ce moment, était d'une coquette simplicité. Une mousseline blanche en formait la tenture et le décor.

Joséphine s'y tenait ordinairement. Elle y recevait ses amis, et s'entretenait dans la conversation, plus souvent de sa pauvreté que de ses richesses. Elle ne craignait pas de parler du temps qui la vit dans la gêne, et des bons cœurs qui lui avaient été dévoués. Mme Dumoulin et Mme Tallien lui furent d'un grand secours. Elle prenait plaisir à citer leurs noms.

La Malmaison ne fut pas une prison pour Joséphine ; car si elle y recevait à loisir, elle pouvait aussi s'en éloigner suivant ses goûts.

En 1809, elle voyagea sous le nom de la comtesse d'Asberg, sa dame d'honneur. Le vice-roi, ainsi que sa femme, quittèrent tout exprès Milan pour lui rendre visite à Secheron, près de Genève, à l'hôtel d'Angleterre où elle était descendue.

Le peuple la reconnut et lui fit fête.

— Pourquoi donc m'acueille-t-on ? demandait Joséphine, j'ai toujours entendu dire que la jeunesse et la beauté sont les seuls dons de la nature que l'on recherche dans une princesse. Je n'ai plus, depuis longtemps, ni l'une ni l'autre.

Cette femme modeste oubliait que la bonté de son cœur n'avait pas vieilli.

Sur le lac de Genève, où elle se promena dans une barque ornée de deux beaux cygnes blancs qui l'aidaient à glisser légèrement sur l'eau, elle fut entourée de toutes les barques des propriétaires riverains du lac. Les autorités voulurent les faire s'éloigner.

— Laissez-les s'approcher, dit doucement Joséphine, leurs sympathies me prouvent que je ne suis pas complétement délaissée.

En 1810, elle s'installa dans le vieux château de Navarre, près de la forêt d'Évreux. L'ancienne demeure des ducs de Bouillon, bâtie en 1686, fut sensiblement améliorée par l'impératrice; mais les murs épais de cette demeure restèrent toujours froids et humides. On y gelait l'hiver, malgré le feu qu'on entretenait jour et nuit.

Joséphine dépensa une somme considérable pour réparer tout ce que les désordres de la Révolution avaient détruit dans le château. Elle employa aussi une partie de ses revenus pour fonder un orphelinat à Navarre.

M. Boürlier, évêque d'Évreux, respectable vieillard aimé de la jeunesse dont il aimait lui-même les amusements et la gaîté, se livrait volontiers au jeu pour faire une partie de tric-trac avec Joséphine.

Il avait à répartir, par an, cent mille francs

environ que l'impératrice lui donnait pour les pauvres.

A Navarre, il y avait peu d'étiquette. Ce qui faisait dire au vice-roi, lorsqu'il venait voir sa mère, qu'il préférait Navarre à Milan. La reine Hortense y vint aussi fort souvent. Elle était d'une santé délicate; mais lorsqu'il s'agissait d'égayer ceux qui sollicitaient l'honneur d'entendre sa voix douce et harmonieuse, elle oubliait sa tristesse et ses indispositions pour chanter Griselidis et la romance qu'elle avait dédiée à Napoléon lorsqu'il partit pour la campagne de Syrie.

La comédie n'était pas interdite au château de Navarre. Je dirai mieux, c'est qu'on y jouait des pièces ravissantes d'esprit et de gaîté. Les charades en action trouvaient aussi le moyen d'être bien reçues. Quant aux loteries pour les pauvres, elles n'avaient besoin que de Joséphine pour s'organiser d'un seul mot.

A l'heure des repas, le service se faisait avec certain apparât. Napoléon l'avait voulu. L'impératrice avait derrière elle un personnel assez nombreux en valets de chambre, maître d'hôtel et autres serviteurs. La vaisselle plate dominait la table. Au dessert seulement la porcelaine peinte venait récréer la vue des convives.

En voyage, le carosse de l'impératrice était escorté à droite par un écuyer en grand uniforme, et à gauche par un officier de cuirassiers.

Un jour qu'elle parcourait en voiture la route de Caen, une femme veuve, accompagnée de ses enfants, offrit sa misère aux regards de Joséphine, qui fit ralentir le pas des chevaux et demanda vivement à Mme d'Asberg de lui confier sa bourse, à défaut de la sienne qu'elle ne pouvait trouver.

— J'ai eu l'imprévoyance de l'oublier, répondit la dame d'honneur.

— Le malheur n'a pas le temps d'attendre, répartit Joséphine, et elle se débarrassa de la chaîne d'or qu'elle portait au cou pour la donner à la pauvre femme.

Aussitôt la bonne œuvre accomplie, le postillon fouetta ses chevaux et la voiture s'éloigna.

Mais, le lendemain, quel fut l'étonnement de l'impératrice, lorsqu'elle sut que l'inconnue lui rapportait sa chaîne d'or.

— Sa Majesté s'est trompée, disait la pauvre femme, ou bien cette chaîne s'est échappée de son cou. Je l'ai ramassée, mais je ne dois pas la garder.

Joséphine fut sensible à son attention délicate, et lui donna une lettre de recommandation pour

M. l'évêque d'Évreux. Deux jours après la veuve avait du travail, un logement et du pain pour elle et ses enfants.

C'est à Navarre que l'impératrice reçut, le 20 mars 1811, la nouvelle de la naissance du roi de Rome. L'empereur lui avait envoyé la dépêche par un page.

— Que je suis satisfaite, se mit-elle à dire, d'avoir su faire le sacrifice de descendre du trône pour y mettre le fils de Napoléon à ma place, mais ma joie ne doit être rien en comparaison de celle de l'empereur! Pourquoi n'est-il pas venu lui-même m'annoncer cette bonne nouvelle? J'aurais été heureuse de l'apprendre de sa bouche.

Voilà les paroles de la femme dévouée à l'empereur! Voilà comme elle aimait l'homme en se sacrifiant pour sa gloire!

Le soir même il y eut fête à Navarre. On illumina les fenêtres du château. Un grand bal fut donné aux notables d'Évreux en l'honneur de la naissance du roi de Rome.

Après ces jours de fête, hélas! nous n'avons plus que des jours de deuil à voir passer.

Le froid glace le cœur lorsqu'il s'agit de parler de la guerre de Russie; car 1812 fut la saison des neiges qui ne fondit qu'avec nos armées.

L'année 1813 ne fut pas plus favorable à la France. Deux campagnes successives en Allemagne eurent pour résultat de constater la trahison de nos alliés.

Enfin 1814 arriva avec tous ses désastres. L'ennemi dépassa les portes de Paris.

L'empereur de Russie se montra le protecteur de la Malmaison. Il avait eu le soin d'envoyer une sauvegarde au château.

Alexandre ayant témoigné le désir de présenter ses hommages à l'impératrice, celle-ci le reçut avec gracieuseté.

La reine Hortense donna, à Saint-Leu-Taverny, un repas aux souverains alliés. C'est à la suite de ce repas que Joséphine éprouva certain malaise en rentrant chez elle.

M. Horeau, son médecin, fut appelé. Il la soulagea sur-le-champ.

Le 10 mai 1814, jour choisi par Joséphine pour avoir à sa table l'empereur de Russie, elle ressentit une indisposition plus forte que la précédente. Elle cherchait, mais en vain, à dissimuler ses souffrances sous un agréable sourire.

Le 24 mai, un mal des plus âcres lui brûla la gorge. M. Horeau défendit à la malade de quitter sa chambre; mais ce jour-là elle avait à recevoir les grands-ducs de Russie. La veille, elle avait retenu à dîner le roi de Prusse et ses deux fils. Elle ne put rester à table pendant la durée du dernier repas. La reine Hortense fut obligée d'en faire les honneurs.

M. Horeau était sincèrement attaché à la personne de l'impératrice. Ce docteur fut désespéré, le 25 mai, lorsqu'il vit que malgré ses efforts à combattre le mal, les progrès incessants de ce mal abattaient toutes les forces de Joséphine.

Mais elle, entourée de soins, ne proférait aucune plainte. Ne pouvant plus parler, elle tendait une main amie à ses enfants et à tous ceux qui l'approchaient. Ses yeux semblaient dire avec une larme d'adieu :

— Demain ou après je ne serai plus malade. Ne vous chagrinez pas devant moi.

Du 27 au 28, Joséphine fut dans un état de prostration qui indiquait sa fin prochaine.

Elle avait eu, cependant, toute sa connaissance pour demander la communion qui lui fut donnée comme à une sainte résignée à la mort.

Le 29 mai, à onze heures et demie, l'âme de Joséphine montait au ciel, tandis que son dernier sourire, semblable à une lueur bleuâtre, flottait indécis sur les bords de ses lèvres mourantes.

Eugène, Hortense et ses nombreux amis, se précipitèrent vers elle pour retenir ce sourire d'ange..... Il avait disparu de la terre!

Le corps de l'impératrice fut embaumé deux jours après sa mort, et déposé ensuite dans un cercueil de plomb recouvert d'un coffre en acajou.

Le 2 juin, le service et l'inhumation eurent lieu dans l'église de Rueil, au milieu du cérémonial le plus imposant.

Plus de vingt mille personnes assistaient à ce convoi, à la suite des grands dignitaires et des parents profondément émus.

Cette affluence de monde venu de tous les environs de Rueil et de la capitale, c'était le peuple qui s'était empressé de rendre les derniers devoirs à celle qu'il nommait avec juste raison : *sa bien-aimée.*

Un monument en marbre blanc veiné, sous lequel repose Joséphine, a été élevé en 1824, par la reine Hortense et le prince Eugène.

Il est placé dans la chapelle située à droite de l'autel.

Vis-à-vis se trouve, dans la chapelle de gauche, le tombeau de la reine Hortense, que Napoléon III a fait construire pour honorer la mémoire de son auguste mère, décédée le 5 octobre 1837.

Ces deux mausolées supportent chacun une statue en marbre de Carrare. Les deux statues sont agenouillées.

Hortense regarde le ciel où un ange consolateur lui montre l'âme de sa mère.

Joséphine prie Dieu pour la paix et le bonheur de la France !

FIN.

SAINT-DENIS. — TYPOGRAPHIE DE A. MOULIN.

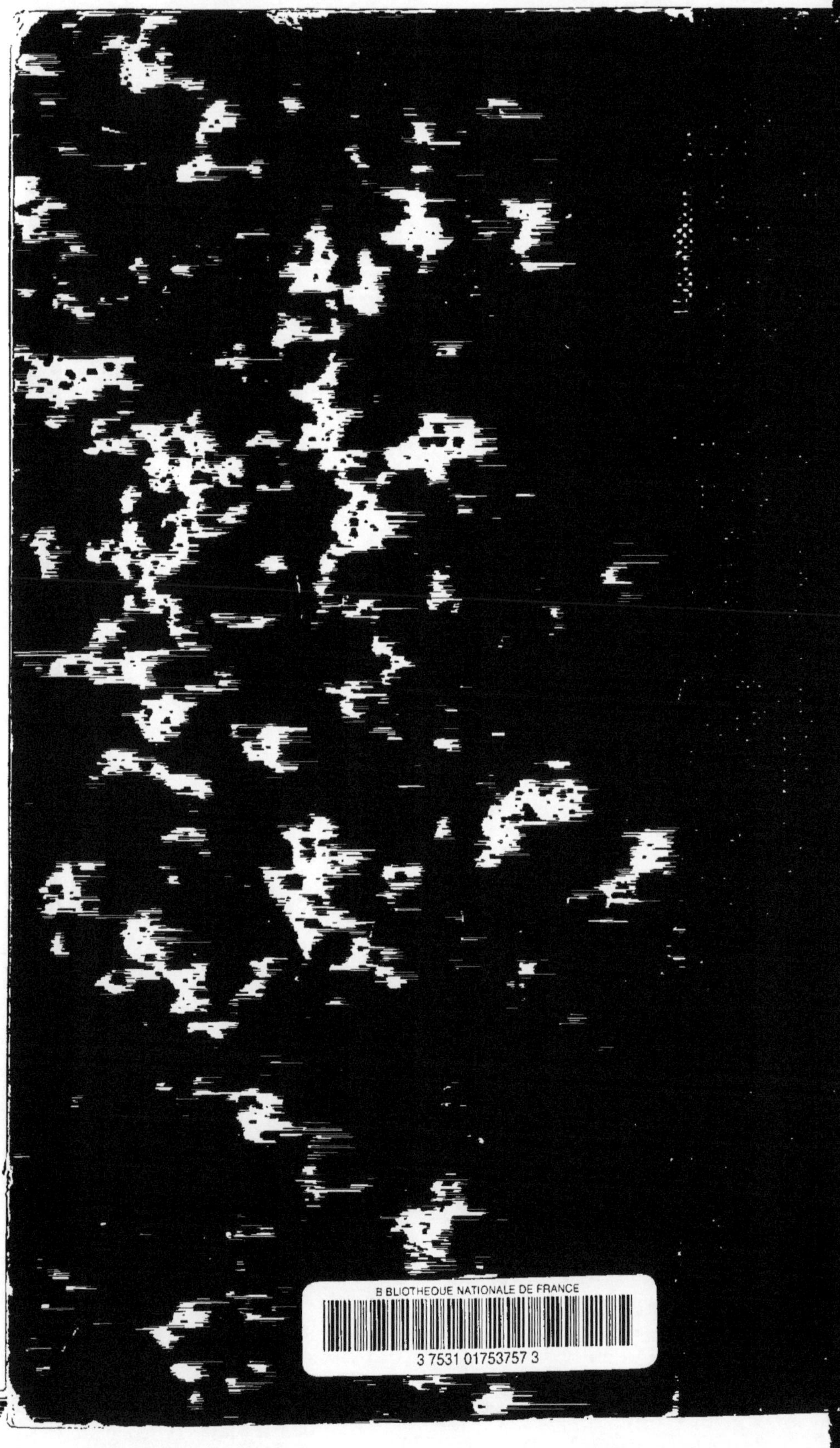

www.ingramcontent.com/pod-product-compliance
Ingram Content Group UK Ltd.
Pitfield, Milton Keynes, MK11 3LW, UK
UKHW020157200726
13856UKWH00003B/1048

9 782011 770813